작지만 또렷하게 빛나는

제주에서 브랜드가 된 사람들

작지만 또렷하게 빛나는

제주에서 브랜드가 된 사람들

우다정 인터뷰집

로컬취향

추천의 글

나의 '쓸모'를 찾고자 애썼던 20대에 이 책의 저자를 만났다. 좋아하는 일을 직업으로 삼고자 노력한 건 맞지만 그때의 우리는 각자의 쓸모를 증명하느라 어지간히도 힘들었던 것 같다. 운 좋게도 나는 방송가에서 프로듀서로 자리 잡았고, 예능 프로그램을 만들어 오다 보니 어느덧 40대 중반이 넘었다. 하지만 여전히 가끔, 이 일이 정말 나에게 맞는 옷인가 하는 생각이 불쑥 내 안을 간지럽힐 때가 있다.

그러던 어느 날, 후배인 저자가 제주에서 자신만의 길을 찾아가는 사람들을 인터뷰한다고 했다. 내가 좋아하는 자연이 그득한 제주, 그리고 농부의 아들로서 내 안에 흐르는 '농부 DNA' 때문인지, 문득 나도 언젠가는 그곳에서 살 수도 있지 않을까 하는 말이 튀어나왔다. 내 속의 간지러움이 다시 한번 일었다.

이 간지러움의 정체를 제대로 마주하고 긁어낼 수 있을까? 솔직히 잘 모르겠다. 하지만 분명한 건, 언젠가 이 업계에서 내 쓸모가 희미해지는 날이 오면, 나 역시 나만의 새로운 길을 찾아 나서야 한다는 사실이다. 은퇴 없이 평생 꿈꾸며 해 나갈 수 있는 나만의 브랜드를 만들어서 말이다.

이 책은 내 안의 덧없는 간지러움과 막연한 갈증을 해소해 준 지침서 같은 인터뷰집이자, 후배가 건넨 고마운 선물이다. 여러분도 그 선물을 받아 보시길 바란다!

류일용 | 스페이스래빗 PD

취업과 동시에 시작한 지방살이, 어느덧 20년이 됐다. 처음에는 주말마다 서울로 향했지만, 아이를 낳고 키우면서 서울보다 한결 여유로운 환경에 익숙해졌다. 이제는 서울 가서 살라고 등 떠밀어도 쉽사리 떠날 수 없을 만큼 지방살이에 만족하고 있다. 다만, 지방에서의 삶에서 가장 큰 과제는 '일'이다. 이 책에 나오는 인터뷰이들은 스스로 일을 만들어 내고, 이를 새로운 로컬 브랜드로 발전시키며 그 과제를 자신만의 방식으로 해결했다. 또한 그들이 하는 일을 통해 제주에 새로운 가치를 더하고 있다. 불확실한 미래의 성공을 좇기보다는 가장 선명한 현재의 행복과 만족을 즐기며 살아가는 이들의 이야기에 깊이 공감하며 응원하게 된다.

김진아 | 원주MBC 보도국장

　이 책은 제주에서 나를 찾고, 나만의 길을 내고, 행복을 찾은 사람들의 이야기다. 일이 '하기 싫은 노동'이 아닌 '놀이'가 된 사람들, 그래서 분명 바쁘게 일하는데도 자유로움이 느껴지는 사람들. 당연하게도 이들이 제시한 길이 정답은 아니다. 내 삶에는 내가 찾은 해답이 있을 뿐이니까. 다만 이들은 모두가 같은 방식의 삶을 살 필요는 없다고, 다른 삶의 방식도 가능하다는 걸 보여 준다. 일곱 빛깔 무지개처럼 저마다의 색깔을 가진 일곱 브랜드의 이야기는 다채로운 만큼 멋지고 아름답다. 그러면서도 지극히 현실적이다. '더 자유롭게, 하기 싫은 일은 덜 하면서' 살고 싶다면 이들의 이야기에 귀를 기울여 보시라. 우리보다 한발 앞서 자기만의 길을 걷고 있는 사람들이 너도 할 수 있다고 등을 토닥토닥해 줄 테니까!

백혜영 | 동화 작가

차례

추천의 글

04

프롤로그

10   제주에서
      작지만 또렷하게 빛나는
      사람들을 만났습니다.

인터뷰

19   **올리브스탠다드** 농업·가공·서비스 | **이정석**
      '왜'라는 질문 없이는 불가능한 지속 가능성

43   **오마이코티지 & 오마이살롱** 숙박·카페 | **손주희**
      어렴풋한 그림만 있어도 괜찮아요

61   **랄라밀랍초 & 랄라몽** 밀랍초아트·체험 | **랄라 & 룰루**
      분명히 잘될 거라는 엄청난 확신

| 91 | **주주스튜디오** 디자인·일러스트 | **전현주** |

'나를 밖으로 내보내'며 시작된 연결과 확장

| 113 | **어나더페이지** 책방 | **신의주** |

내가 가장 잘할 수 있는 이야기

| 137 | **찰쓰투어** 투어·가이드 | **양성철** |

힘든 시기는 잘될 때를 준비할 시간일 뿐

| 165 | **제이지스타 제주** 행사기획·마케팅 | **주동희** |

조금 더 움직이고 조금 더 생각하기

에필로그

| 188 | 우리는 모두 언젠가
본인의 일을 하며 살아가야 하니까요.

작지만 또렷하게 빛나는 삶을 살고 싶은 사람이
한발 앞서 작지만 또렷하게 빛나는 삶을
살고 있는 사람들을 만났습니다.

작지만 또렷하게 빛나는
: 제주에서 브랜드가 된 사람들

우다정 인터뷰집

프롤로그

*제주에서
작지만 또렷하게 빛나는
사람들을 만났습니다.*

　이 책은 저로부터 출발했습니다. 아침마다 버스와 지하철을 바삐 갈아타며 사람들 틈에 끼여 출근하고, 영혼이 털린 채로 퇴근하는 삶을 살면서 이런 삶이 얼마나 지속될 수 있을지 늘 아슬아슬한 느낌이었어요. 그 모습의 삶을 중단하게 됐을 때, 자유를 느끼는 동시에 '나는 어떤 사람인가?'라는 깊은 고민에 빠졌습니다. 사는 곳을 옮겨 다니는 와중에도 제 머릿속을 떠나지 않는 질문이 있었습니다. 나는 무슨 일을 하는 사람인가, 무엇으로 내 몫의 경제 활동을 하고, 무엇에 집중하며 성취감과 즐거움을 얻는가? 결국, 나의 일을 찾는 것은 나를 찾는 일인 것 같아요.

제주에 사는 동안 많은 사람을 만났습니다. 이곳에는 '직장인 아닌 사람'들이 흔했어요. 다들 어떤 재주가 있는 건지(나에겐 없는), 다들 어디 믿는 구석이 있는 건지(나에겐 없는), 다들 어디서 용기와 실행력을 얻었는지(나에겐 없는) 궁금했습니다. 그래서 제주에서 자기 일을 하며 본인이 브랜드가 된 사람들을 직접 만나 이야기 들어 보기로 했지요.

이 인터뷰집은 자신만의 일을 찾아가는 여정에서 고민하고 방황하는 분들을 위해 기획되었습니다. 우리는 배우고 경험한 것을 바탕으로 직업을 이어 갈 수도 있지만, 예상치 못한 변화를 맞닥뜨리며 새로운 일을 모색해야 하거나, 자발적으로 새로운 일이나 직업을 갈구하게 될 수도 있습니다. 또한 나고 자란 곳에서 살아갈 수도 있지만, 새로운 삶의 터전을 찾아 떠날 수도 있습니다.

일곱 개 브랜드의 여덟 운영자에게 물었습니다. 제주에 오기 전 어디에서 무슨 일을 했는지, 왜 제주로 왔는지, 제주에서 무슨 일을 하며 사는지, 그 일을 통해 어떤 가치와 만족을 느끼고, 어떻게 지속 가능한 삶을 만들어 가고 있는지. 그리고 그 과정에서의 고민과 갈등, 이를 어떻게 극복하며 나아가고 있는지도 빠짐없이 들었습니다.

여덟 분 중 일곱 분은 코로나 팬데믹 직전 혹은 그 시기에 제주로 왔습니다. 여섯 분은 기존의 직업을 떠나 새로운 일을 시작했습니다. 두 분은 기존의 일을 확장하며 변화하고 있습니다. 제주에서 살아가기로 한 그들에게 필요한 것은 바로 '일'이었습니다. 꼭 제주가 아니어도 마찬가지겠지요. 어디에서든 오랫동안 머물며 살아가기 위해 우리에게 필요한 건 분명 '일'입니다.

서울과 같은 대도시와 달리 제주에는 흔히 말하는 '괜찮은 직장'이 많지 않습니다. 그래서 사람들은 스스로가 본인의 직장을 꾸리며 대표가 되고, 자신만의 일을 만들어 갑니다. N 번째 인생, 퇴직 후의 삶을 고민하는 분들에게 도움이 될 사례들이 제주에 가득합니다. 그들을 만나면 막막한 마음에서 해소되는 것들이 있을 거라고, 더 분명해지는 것이 있을 거라고, 혹은 본인에게 필요한 용기, 결단, 응원, 위로를 받을 수 있을 거라고 말하고 싶습니다.

세상에는 성공한 사람의 이야기가 넘쳐납니다. 하지만 너무 멀리 앞서간 이들의 이야기는 때로 우리를 주눅 들게 하고, 비현실적으로 느껴질 때가 있습니다. 누구든 그렇게 할 수 있다는 그들의 말이 도리어 우리를 꼼짝 못 하게 발목 잡기도 합니다. 반면, 제주에서 자기 일을 찾아 스스로 브랜드가 되어 가고 있는 사람들의 이야기는 현실적으로 공감할 수 있는 하나의 가이드가 될 거예요. 그들의 이야기를 통해 저 역시 제가 잘하는 것, 좋아하는 것, 그리고 지속할 수 있는 것을 찾는 여정에 더욱 적극적으로 나설 수 있게 되었습니다.

> '이대로 살아도 괜찮은가?' 고민하며 방황하는 분들,
> '답도 없지만, 대안도 없다.'라며 쉽게 좌절하는 분들,
> 여기가 아닌 저곳이 더 흥미로워 보이고,
> 새로운 가능성에 끌리는 분들,
> 조직 밖에서 나만의 일을 찾아
> 또 다른 삶의 챕터를 시작하고 싶은 분들께

우리보다 조금 앞서 시작해, 멈추지 않고 지속해 나가고 있는 일곱 브랜드 여덟 분의 이야기를 담은 이 인터뷰집이 하나의 참고서이자 가이드가 되어 주기를 바랍니다.

저자 우다정

제주에서 시작된 이야기

Becoming Brands in Jeju: New Beginnings

제주에서 올리브스탠다드

오마이코티지 & 오마이살롱

랄라밀랍초 & 랄라몽

주주스튜디오

어나더페이지

찰쓰투어

제이지스타 제주 가 된

이정석

손주희

랄라 & 룰루

전현주

신의주

양성철

주동희

올리브스탠다드
이정석

'왜'라는 질문 없이는 불가능한 지속 가능성

제주와 올리브의 만남. 낯설고도 신선하다. 농사에 아무런 지식도 경험도 없던 '올리브스탠다드'의 이정석 대표는 제주에서 삶을 지속하기 위해 할 수 있는 일을 찾았다. 그는 '무에서 유를 창조할 순 없다.'라고 생각하는 경제학도였다. 다만 자신이 가진 환경과 자원으로 무엇을 할 수 있는지, 그리고 뭘 해야 최선의 결과를 낼 수 있을지 생각하며 목록에서 안 되는 것들을 먼저 지워 갔다. 매물로 나온 땅의 목록에서 못 사는 땅을 지우고 살 수 있는 땅을 사고, 심어 볼 수 있는 다양한 나무 중 불가능한 선택지를 지우며 가능한 나무를 찾았다. 그렇게 해서 시작된 올리브 농사. 뭘 해야 할지 아는 것보다 뭘 하면 안 될지 아는 감각이 더 분명했고, 판단하기에도 쉬웠다.

그런 그가 지금 제주에서만이 아닌, 대한민국 올리브의 기준이 되겠다고 한다.

제주에 살면서 하는 일을 중심으로 본인 소개해 주세요.

저는 '올리브 커뮤니케이터' 이정석입니다. 제주에 온 지 5년 차인데, 올리브를 재배하고, 올리브 관련 제품을 생산하고, 올리브를 통해 즐거운 경험을 할 수 있는 다양한 서비스를 만들고 있습니다. 올리브의 건강한 가치를 널리 알리기 위해 올리브 홍보 대사 역할을 하고 있어요. 대한민국 올리브의 기준이 되겠다는 포부로 '올리브스탠다드'를 운영하고 있습니다.

제주에 오기 전엔 어디에서 무슨 일을 했나요? 그리고 어떤 계기로 제주에 오게 되었나요?

대학에서 경제학과를 졸업하고 증권회사에서 일하다가, 이후에는 기업의 이익을 사회 곳곳의 복지 사각지대를 위해 쓰는 일을 하는 사회 공헌 재단에서 근무했어요. 직장 생활을 10여 년 하면서 열심히 바쁘게 살아오다가 '내가 이렇게 살아가는 게 맞을까?', '앞으로 어떻게 살아가야 할까?' 하는 생각이 들기 시작했어요. 쳇바퀴 돌리듯 일상을 사는 와중에 그런 고민을 제대로 하기가 어렵더라고요. 그래서 1년 정도 쉬면서 생각해 보려고 제주로 내려오게 됐어요. 그게 코로나 팬데믹이 한참이던 2021년의 일이죠.

예전에 하던 일과는 완전히 다른 업에 뛰어드신 건데요, 원래 꿈이 '농부'였어요?

꿈이 농부는 아니었지만, 직장 생활을 할 때 '나중에 은퇴하면 임업가가 되어야지.' 하는 생각을 하긴 했어요. 자연과 가까이하고 살면서 나무를 심는 모습을 마음에 담고 있었어요. 주말이나 휴가 때에 은퇴 후를 준비하는 마음으로 강원도나 충청도로 놀러 다니며 산을 알아보곤 했거든요. 그러다가 제주에 오게 됐는데 제주는 눈만 뜨면 바로 옆에 자연이 가득한 환경이잖아요. 그래서 '이곳에서 해 볼 수 있는 일이 없을까?' 생각하게 됐죠. 제가 순수 농부로 살아가기는 힘들다고 생각했기에 육지의 다른 시골과는 달리 제주가 가진 여러 가능성을 봤어요.

직장을 관두고 삶과 일의 터전을 옮기는 건, 특히나 아이가 있는 집이라면 어렵지 않나요?

제주로 옮기던 때가 시기적으로 '안 좋았지만 좋았던' 시기였어요. 코로나 팬데믹에 아이가 유치원을 다니고 있었는데 늘 마스크를 쓰고 많은 활동이 제약받는 환경인 것이 안타까웠어요. 그런데 코로나가 장기화되고 있었으니, 자연으로 둘러싼 제주는 아이에게 환경적으로 무조건 나을 것 같았어요. 그래서 아이를 중심에 두고 생각했을 때 오히려 결정이 쉬웠어요. 아이들에겐 무조건 좋은 선택이었고, 다만 저와 아내에겐 지속적인 경제 활동을 어떻게 할 것인지의 문제가 남았죠.

그런데, 직장 생활을 10여 년 하고, 40대가 다가오는 시기에 누구나 이런 생각을 하는 것 같아요. '내가 잘하고 있는 건가? 잘 모르겠다.' 하는. 그때의 저와 아내도 마찬가지였어요. 게다가 코로나로 인해 생명을 잃는 사람들의 뉴스가 매일 나왔고요. 그런 뉴스를 보면서 '당장 이렇게 죽으면 지금까지 별 큰 의미 없이 살아왔던 내 삶은 뭔가?' 하는 생각이 들었고, 좀 더 가치 있고 의미 있는 것을 찾아보게 하는 용기가 생겼어요.

코로나 시기가 모두에게 힘든 시기인 건 맞았지만, 우리 가족에겐 오히려 강제 멈춤을 하고 생각할 기회, 선택할 용기를 주었죠. '제주로 갈까?' 하고 생각한 다음, 한 달 만에 제주로 왔습니다.

'일년살이'를 하러 왔는데, 1년 살고 떠나지 않고 지금까지 쭉 제주에 살고 계신 셈입니다. 제주로 오면서 '제주에서 무엇을 하고 살아야지.' 하는, 또렷하지는 않더라도 생각해 둔 게 있었나요?

전혀요. 2021년 2월에 제주로 왔고, 1년이 지난 2022년 2월에 첫 올리브 나무를 심었어요. 약 1년이 걸렸는데 아무 계획 없이 왔기 때문이죠. 돌아보면 첫해가 우리 가족에겐 가장 여유롭고 행복한 시간이었어요. 아이들이 적응을 너무 잘했어요. 코로나는 여전했으니 변하지 않은 환경으로 돌아가는 건 저희 선택지에는 없었어요.

제주 생활은 하면 할수록 좋았어요. 그러다 보니 여기서 할 수 있는 일을 찾겠다는 갈망이 커졌죠. 제주에 왔다가 결국 돌아가는 분들이 많은데, 제주에서 '할 거리'만 있다면 오래 사실 분들이 분명 많을 거예요. 저희는 그 할 거리를 빠르게 찾은 셈이죠.

그럼 어떻게 이곳에서 지금의 일을 찾았나요?

고민하는 와중에, 여기서 뭘 할지는 모르겠지만 뭘 하지 않아야겠다는 생각은 분명했어요. 예를 들어, '직장 생활은 안 한다.' 직장 생활을 할 거면 임금 수준이 좋고 다니던 회사가 있는 서울에 가서 사는 게 가장 좋은 선택일 테니까요.

직장 생활이 아니라면, 남은 건 사업이죠. 그중 펜션, 카페, 귤은 하지 않겠다고 생각했어요. 제주에 온 게 경쟁을 하고 그 속에서 성장하려고 한 게 아니거든요. 그럴 거였으면 쭉 서울에서 살면 됐겠죠. 펜션, 카페, 귤은 이미 제주에서 너무나 경쟁적인 품목이에요.

누군가 '제주에서 펜션이나 카페 하고 살면 참 편하겠다.'고 한다면 그건 정말 안이한 생각이고요, 실제론 엄청난 경쟁을 이겨 가며 하는 일이에요. 이런 식으로 하지 않을 것을 지우니 할 수 있는 게 정말 없어 보이죠? 그래서 언젠가는 하고 싶었던 관심 분야(임업)와 닮은 농업 쪽으로 좀 더 관심을 가지게 됐어요.

농업에 관심이 가지만 실제로 이곳에 기반이 있던 것도 아니고, 농업에 종사해 본 것도 아니니 진입할 때 허들이 있었을 것 같아요. 가장 큰 허들은 무엇이었나요?

허들은 '땅'이었죠. 그래서 우리가 앞으로 할 업이 '농업'이라는 결심이 어느 정도 선 다음에 바로 땅을 샀어요. 가장 크고 분명한 장벽을 가장 먼저 빠르게 넘기로 한 거죠. 요즘 영농 창업 강의를 나가는데 예비 농업인으로서 고민하고 준비하는 분들이 생각보다 꽤 많아요. 그런데 준비만 하다가 포기하는 분들이 많거든요. 대부분의 이유가 땅이 없어서, 혹은 땅을 못 구해서예요.

저희가 산 땅이 가장 좋은 선택이라고 할 수는 없지만, 일단 땅을 샀으니 무엇이라도 할 수가 있었어요. 이것저것 따지면서 비교하고 기회를 보고 준비한다고 말하지만 그러는 동안 결국 시간은 가고 땅

값은 올라가고, 그러다 보면 시작하기보다 포기해야 할 이유가 더 많아지는 것 아닐까요?

원래 추진력과 결단력이 좋은 편이신 것 같지만, 그래도 땅 사는 게 쉬운 일이 아닌 건 사실이잖아요.

땅 살 때 '올리브'라는 작물이 정해진 게 아니었어요. 농업을 할 거니 그 업에 필요한 땅을 먼저 산 것뿐이죠. 일단 가진 예산에 맞춰야 했어요. 그리고 농사를 지을 거니 최소 1,000평 이상은 돼야 했고요.

예산과 최소 평수 조건 두 개만 해도 제주에서 많은 지역이 걸러졌어요. 그러고 남은 곳 중에서 본 건데요. 원래 농사를 짓고 있던 사람이면 완전 맹지나 더 싼 곳을 살 수 있었을 거예요. 그런데 저는 그게 아니니까, 좀 더 잘 골라야 했어요. 너무 척박한 땅을 사면 그 이후가 더 어려울 테니까요.

땅을 사긴 하는데 그 땅에서 무얼 할지 뚜렷하지 않은 상황이었으니 여러 가능성을 두었어요. 손님이 오는 상황을 생각하면 도로도 껴야 하고, 너무 외져도 안 되고, 그리고 작물도 자라야 하니 너무 높은 곳이면 안 되고… 그런 식으로 하다 보니 남는 곳이 몇 곳 없었어요. 동시에, 농사를 언제까지 하게 될지 모르니 나중에 팔 때를 생각해서 자산 가치로도 생각을 해 보고요.

그러다 보니 오히려 선택지가 많지 않아서 결정하기가 수월했어요. 그중에서 고른 게 지금의 '올리브스탠다드' 농장이 있는 곳(서귀포시 대정읍 안성리)입니다.

땅을 산 이후에 올리브라는 종목은 어떻게 정했어요?

 일단 임업이 꿈이었으니 '나무'를 할 거라는 건 정해져 있었어요. 다시 말하면 밭작물은 제외인 거죠. 나무 중 제주에서 가장 많이 심는 나무가 귤나무인데, 이것도 제가 이미 안 하겠다고 정한 것 중 하나였고요. 그러다 보니 아열대 과수 중에 골라야 했어요. 제주에서 귤 외의 미래 대체 작물에 대한 고민이 많은데, 그렇게 해서 요즘 하는 게 애플망고, 레몬, 바나나, 파파야 같은 아열대 과수거든요. 올리브도 포함되고요. 아열대 과수 중에 유일하게 노지 재배가 되는 게 올리브였어요. 다른 것들은 시설 재배를 해야 하니 초기 투자비가 들고요, 키우면서 유지비도 많이 들어요.

 농업을 하기로 하고 종목을 고르면서 두 가지 기준이 있었어요. 첫째, '고비용 고수익, 경쟁 작물이 아닐 것'. 제 생각에 고수익인 건 그만큼 비용이 많이 들기 때문에 비싸게 팔고 고수익으로 돌아와야만 하는 거였어요. 그럼, 결국 저는 '저비용 중수익'을 하겠다는 건데요. 저비용으로 하면 중수익만 거둬도 오래 갈 수 있을 거라 생각했어요.

 둘째, '돈을 잘 벌 가능성이 있는 작물'이었어요. 어쨌든 중수익도 수익이잖아요. 수익을 거둬야 하는 거죠. 그 기준에서 올리브는 전 세계적으로 많이 소비되는 품목이니 품목 자체에 대해 고민할 건 없다고 생각했어요. 다만 어떻게 하느냐가 중요한 거죠.

 올리브와 제주, 이 두 단어가 가진 힘은 경험하기 전에도 충분히 예상할 수 있었어요. 게다가 제주에서 땅 면적으로 따져 보면 현재 노지 감귤을 짓는 면적이 가장 크거든요. 그런 농부들도 언젠간 대체 작물로 바꿔야 하는 때가 올 거라고 생각해요. 그럴 때 모두가 시설, 자원이 드는 건 하기 힘들어요. 일반 소농에게 어떤 작물을 대안적으로 제시해 줄 수 있을지 생각했을 때도 올리브가 적합하다고 생각했어요.

제주는 오랫동안 감귤의 섬이었는데, 나중에는 올리브의 섬, 혹은 감귤과 올리브의 섬이 되지 않을까 하는 생각을 지금 하고 있어요.

원래 올리브에 대해 관심이 많았어요?

아뇨. 일반적으로 올리브가 건강에 좋다는 걸 아니 올리브 오일 쓰는 정도였죠. 대학 시절에 교환 학생으로 유럽에서 지낸 적이 있는데 그렇다 보니 문화적 배경이나 감성적으로 올리브가 친근하기는 했어요.

그런데 지금 '올리브 홍보 대사'시잖아요?

맞아요. 지금 제주 경제는 감귤과 관광, 이 두 축으로 이루어져 있어요. 언젠가는 올리브도 경제 한 축으로 갈 수 있다고 보고, 그런 그림을 만들어 가는 역할을 하고 싶어요. 저비용으로 누구나 할 수 있는 대체 작물이고 전 세계인이 좋아하는 작물이니까요. 그리고 올리브를 선택한 이후에 올리브에 관해 공부하면서 확신은 더 커졌어요.

판단할 때 기준이 선명하신 것 같아요.

저는 '무에서 유를 만드는 것'은 선호하지 않아요. 대신 가진 환경과 자원으로 뭘 할 수 있는지, 그리고 뭘 해야 최선의 결과를 낼 수 있을지를 열심히 찾을 뿐이에요. 제주에서 아열대 작물을 요즘 갑자기 하는 게 아니거든요. 이미 14년 전부터 시작을 해왔고, 10여 년 동안 다양한 실증과 결과물들이 나와 있어요. 그러니 '이 작물이 여기서 잘 자랄까?' 하는 기본적인 걱정은 할 필요가 없었어요. 다만 어떤 것이 제주에서 고부가 가치를 만들어 낼 수 있을지 생각하면서 선택지를 줄여 나가는 작업을 통해서 제가 할 업, 그리고 종목을 정했습니다.

첫 올리브 나무를 심은 날, 기억하세요?

2022년 2월이었어요. 제주 온 게 2021년 2월이었으니 딱 1년 후의 일이죠. 그날은 희망보다는 걱정이 너무 많았어요. 땅 사기 전, 땅 보러 왔을 때 풀이 엄청나게 자라서 덮여 있었거든요. 땅 매수 후 풀들을 정리하고 보니 완전 돌산인 거예요. 25톤 트럭으로 돌만 100대 넘게 나간 것 같아요. 그래서 다시 흙을 넣어 땅을 정리하고 나무를 심어야 했어요. 이곳이 원래 무언가 자라고 재배되던 땅이었으면 걱정이 덜 했을 텐데, 올리브 나무를 사 와서 옮겨 심으면서, '이 땅에서 앞으로 잘 자랄 수 있을까?' 하는 의구심을 가지고 지켜봐야 하는 상황이라 걱정이 컸죠.

걱정은 컸지만 올리브 나무를 심었고, 올리브 나무는 다행히도 잘 자라고 있는 것 같습니다. 그 이후로 어떻게 일을 이어 왔나요?

5년생 올리브 나무를 가져와 심었어요. 다른 과수나무도 마찬가지인데, 나무의 청년기라고 해야 할까요, 어느 정도 자란 나무여야 풍족하게 과실을 맺어요. 올리브의 경우, 3년생부터 열매를 맺기는 하지만 수확량으로 봤을 때 10년 정도는 되어야 좋다고 할 수 있어요. 수확으로 수익을 거두기까지 시간이 걸린다는 이야기죠.

그럼, 그 시간을 어떻게 보낼 건지의 문제가 남아요. 다른 일을 하지 않으면서 올리브 사업을 하는 '올리브스탠다드' 경영자 입장에서 수익이 0인 상황으로 버틸 수는 없었어요. 기다리는 동안 올리브 관련 제품(음료, 식품류, 화장품류 등)을 개발하고 체험 서비스를 선보였어요. 그러다 보니 작물 재배하는 1차 산업, 가공 제품 만드는 2차 산업, 체험 서비스 3차 산업을 다 하게 됐어요.

많은 선배 농부가 말해요. '나무를 심는 순간 이제부터 하늘이 키우는 거지 사람이 키우는 게 아니다.'라고요. 그러니 그사이 저는 제가 할 수 있는 일을 열심히 했어요. 올리브에 관해 공부하고 할 수 있는 일을 하다 보니 6차 산업*을 하게 된 거예요.

보통 올리브 하면, 올리브 절임이나 올리브 오일이 떠올라요. 모두 올리브 열매로 만드는 거죠. 열매를 제대로 수확하기까지 시간이 걸릴 텐데 올리브 관련 제품은 어떻게 개발했나요?

해외에서는 이미 오래전부터 올리브잎을 이용하고 있었어요. 올리브잎 산업이 따로 있을 정도예요. 게다가 올리브는 1년에 순이 4번 이상 나기 때문에 늘 잎이 많아서 고민이거든요. 잎을 쳐내고 버리는 게 일이었는데 버리던 것으로 수익을 창출할 수 있으니 수익적, 환경적 측면에서 올리브잎을 이용하기가 좋았어요.

---

*6차 산업: 1차 산업인 농업을 2차 가공 산업 및 3차 서비스 산업과 융합하여 농촌에 새로운 가치와 일자리를 창출하는 산업.

실제로 올리브잎은 올리브 오일이 가진 영양 기능 성분의 40배를 가지고 있어요. 기능적인 측면에서도 잎은 훌륭한 부산물이에요. 그래서 잎을 활용해서 음료, 잎 차, 티백, 말차 추출액 같은 것을 만들고 올리브잎 추출액을 활용한 화장품, 비누 제품을 만들었어요. 1년 반 동안 15가지가 넘는 제품을 개발했습니다.

올리브잎을 활용한 제품이 나왔을 때, 그리고 농장에서 체험 서비스를 시작했을 때 반응은 어땠나요?

말씀하셨듯 우리나라에서 올리브 하면 올리브 오일, 올리브 절임만을 생각하니까 당장 그 외의 제품에 대해 엄청난 반응이 있을 거라는 기대는 하지 않았어요. 알고도 한 이유는 올리브를 다양하게 활용할 수 있다는 것을 보여 주는 마중물의 역할이 필요했기 때문이에요. 올리브로 이런 것도 가능하다는 걸 보여 주기 위해 짧은 기간 동안 다양한 제품을 만들었어요.

현재, 올리브잎을 활용한 제품은 올리브를 알리는 중요한 콘텐츠가 되고 있어요. 올리브잎과 열매 등 원물에 관한 관심이 높아지고 원물의 안정적인 판로를 확보해서 올리브 농사가 안정적으로 이어질 수 있게 하는 환경을 만들어 주는 역할을 하는 셈이에요.

농장에서 하는 체험 서비스의 수익적인 한계는 너무 분명해요. 한정된 규모의 농장에서 저와 아내 둘이 운영하는데 얼마나 많이 혹은 자주 해야 수익이 되겠어요? 하지만 올리브 농장에서만 할 수 있는 올리브에 대한 경험을 극대화하면서 제주 올리브에 대한 인지도와 긍정적인 이미지를 만들어 갈 수 있는 활동이기에 해 오고 있어요.

사업을 할 때 수익성은 지속 가능성과 직결되기에 아주 중요하지만, 당장의 수익만 따지면 나아가지 못하는 게 또 사업인 것 같아요.

지역에서 청년 농부로서 새로운 시도를 하면서 지원 사업의 도움을 받았나요?

1년 반이라는 짧은 기간 동안 15개가 넘는 제품을 만든 건, 지원 사업 도움 없이는 불가능했을 거예요. 혼자서 했다면 한두 개 정도 개발 가능했겠지만, 그 정도로는 마중물의 역할을 하기에 부족했겠죠. 농업기술원, 창업지원센터, 사회적 경제 영역, 6차 산업 기관이나 단체의 지원 사업 덕분에 가능했어요. 체험 서비스를 하는 농장을 아름답게 꾸미고 치유 농장으로 운영을 할 수 있게 된 데에도 도움이 됐고요. 지원 사업 없이도 할 수야 있겠지만, 세품과 공간을 지금처럼 빠르고 다양하게 개발하여 모양을 갖추기에는 훨씬 오랜 시간이 걸렸을 거예요.

오랜 경험이 있는 지긋한 토박이 지역 농부가 만들 만한 것처럼 보이는 '제주올리브연구회', '제주올리브영농조합법인'도 직접 만드셨어요.•

농업에 종사하지 않아도 누구나 농업의 현실은 알죠. 유통업자, 가공업자들에게 권리를 빼앗기는 생산자의 이야기를 너무나 많이 봐 왔으니까요. 생산업자는 결국 유통업자나 가공업자들과 경쟁하게 되는데 지는 싸움으로 가게 되는 경우가 흔해요.

• 이정석 대표는 '제주올리브연구회' 사무국장을, '제주올리브영농조합법인' 대표를 맡고 있다.

그래서 저는 '자기 권리를 지킬 줄 아는 능력'이 있어야 한다고 생각했어요. 애초에 제가 바꿀 수 없는 상황이거나 기회가 없다면 할 수 없었겠죠. 하지만 기회가 있다면 생산자의 권리를 지키는 노력을 하겠다고 다짐했어요.

그런 점에서 올리브는 기회가 있는 편이었어요. 다른 작물의 경우 유통업자나 가공업자들이 힘이 세요. 그들은 자본력도 강하죠. 문제는 생산자가 너무 많다는 점이에요. 그들의 요구 사항에 맞춰 줄 생산자를 쉽게 찾을 수 있으니 동등한 권리로 대하기는 쉽지 않을 거예요.

하지만 올리브는 우리나라에서 희소성이 있고, 현재도 제주에 열다섯 농가뿐이거든요. 그러니 생산자들이 잘 뭉치고 생산물 공급망을 잘 관리하면 우리의 권리를 지킬 수 있을 거라 판단했어요. 올리브 농가의 수가 엄청나게 많아지면 어떻게 될지 모르겠지만 지금 상황에서는 생산량과 가격 결정권을 올리브 농가 생산자들이 가질 수 있어요. 그래서 올리브 농부들을 만나서 함께하는 조직을 만들자고 제안했고, 다행히도 신뢰하고 참여해 주셨어요.

'제주올리브연구회'를 만들어서 농부 네트워킹을 중심으로 노하우를 공유하고 올리브에 관한 연구를 함께했어요. 그렇게 하다 보니 함께 판로 개척도 해야 하는데 연구 조직으로는 부족했죠. 그래서 '제주올리브영농조합법인'을 만들었습니다.

청년 농업가이자 사업가이자 창업가인데요. 창업가에게 중요한 건 뭐라고 생각하나요?

내가 '왜' 이걸 하는지에 대한 질문과 답이 중요한 것 같아요. 저를 예로 들어 설명하면, 그 많은 업 중에서 왜 다들 힘들다고 도망가는 농업을 하는지, 농업 안에서 왜 올리브인지, 왜 조직을 만들고 네트워킹에 힘을 쓰는가 하는 거죠.

'왜'라는 질문이 없으면 지속 가능성이 없을 거예요. 잠깐은 열정으로 할 수 있지만, 열정은 언젠가는 식기 마련이에요. 열정을 계속해서 채워주는 건 '왜'라는 것, 결국 내가 왜 이걸 시작했는지로 돌아가는, 나에게 주어진 미션이거든요. '왜'라는 질문을 끊임없이 해야 해요. 처음 시작할 때도 중요하지만 힘든 순간, 잘되는 순간, 누구나 만나게 되는 어떤 결정의 순간에 '왜'가 있어야 그다음 단계로 어떻게 나아가겠다는 게 그려져요.

예를 들어 사업에서 매출이나 트래픽을 목표로 삼는 경우 끝없는 쳇바퀴를 돌리게 될 거예요. 1억을 벌면 2억을, 2억이면 10억을⋯. 그렇게 답은 자꾸 바뀌겠죠. 그 속에서 많은 결정들이 달라질 테니 쳇바퀴 속에서 한계가 올 거예요. 그래서 '왜'라는 질문과 그에 대한 자신의 답이 꼭 필요해요. 오래 할 거라면 잘해야 하지만, 그런 성과는 지금이 아니라 나중에 결정된다고 생각해요. 오래 행복하게 하는 게 사업을 할 때 중요한 것 같습니다.

지금의 이 일을 하길 잘했다고 생각 드는 때는 언제인가요?

하면 할수록이요. 제 인생은 올리브를 하기 전과 후로 나뉘는데요, 올리브를 하기 전에는 제너럴리스트였어요. 직장 생활을 하면서 어떤 분야에서 어떤 일을 해도 잘할 수 있는 사람이었어요. 올리브를 하면서는 제가 하나의 아이템에 모든 걸 쏟아붓게 된 거죠.

원래 건강에 관심이 많았어요. 바라는 행복도 건강한 행복이고요. 올리브 재배를 하면서 당장 수익을 말하기에 쉽지는 않지만, 재배 활동 자체가 건강에 좋아요. 자연 안에서 건강한 행복을 느낄 수 있어요. 그리고 올리브에 대해 연구해서 알게 되는 만큼 더 많이 먹게 되고, 건강해지고 있어요. 게다가 제가 아는 걸 많은 사람들에게 알려야 사업이 되는 건데 알릴수록 제 주위 사람부터 고객까지 많은 사람들이 건강해져요.

제가 지금부터 죽을 때까지 이 일을 할 거라곤 말 못 하지만, 적어도 10년을 한다고 가정하면, 10년에 한 아이템에 푹 빠진 시간은 너무너무 행복한 것 같아요. 나중에 70세가 되었을 때, 돌아보면서 '내 인생의 일정 시간을 올리브로 정말 즐겁고 행복하게 채웠구나!'라고 회고하겠죠. 그렇게 생각하니 지금 올리브에 푹 빠져서 올리브 커뮤니케이터가 되어 가는 과정이 너무 만족스럽고 자랑스러워요.

올리브를 배우고 올리브로 관계된 사람들을 만나고 올리브로 사업을 하는 게 재미있어요. 이렇게 했으니, 나중에 다른 도전을 해도 또 다른 아이템에 푹 빠져서 또 다른 10년을 채우면서 인생을 행복하게 채워 나갈 수 있을 것 같아요. '100세 시대'라는데 이제 나이 마흔이니 여섯 번은 더 할 수 있겠네요.

지금까지 오면서 힘들었던 때는 언제였고 어떻게 극복했나요?

힘든 것은 있었지만 결국 다 해결되고 지나가요. 어떤 특정한 때나 사건보다는 2023년에 전반적으로 힘들었어요. 다른 이유가 아니라, 서울에서의 바쁜 삶을 정리하고 제주에 내려온 건데 어느 순간 서울에서보다 더 바쁘게 살고 있더라고요. 그걸 깨닫고 나서 어떤 변화가 필요할지를 생각했어요.

그래서 현재는 '올리브스탠다드' 농장의 매장을 일상적으로 열어 일반 고객에게 오픈하지 않고, 회원제로 바꿨어요. 사업을 벌이고 일반 고객이 많이 오면 좋지만, 그렇게 할 거면 '서울에서 하면 더 잘 됐지.' 하는 생각이 들 때가 있거든요. 우리가 이곳에 와서 살아가는 이유를 잊지 않기 위해 노력하고 있어요. 예약제, 회원제로만 운영하면 좀 더 적은 사람이 오겠지만 대신에 더 깊은 경험을 할 수 있을 거라고 생각해요.

외지인이 지역에 와서 자리 잡을 때, 지역 사람들의 텃세 문제가 늘 언급되곤 해요.

저는 그런 문제를 겪지 않았어요. 복 받았다고 생각해요. 하지만 실제로 귀농 귀촌을 생각하는 분들은 어디에서든 텃세 문제에 대해 들을 거예요. 귀농 귀촌 교육에서도 이런 이야기를 해요. 마을에 들어가서 살지 말라고요. 아무리 노력해도 외지인은 외지인인 거죠. 이미 오랜 시간 자리를 잡고 혈연관계부터 그 집에 숟가락이 몇 개인지까지 아는 관계로 살아가는 마을 사람들의 관계와 관심을 감당하는 것도 힘들고요, 갑자기 들어갔을 때 조화롭게 받아들여지기가 쉽지 않아요. 다가가더라도 천천히 해야 할 것 같아요.

저 같은 경우에는 텃세 문제를 전혀 겪지 않고 정착을 잘한 경우인데, 일단 처음에 아무 일이 없이 내려와 산 곳이 제주시 애월이에요. 애월은 이미 외지인들이 많이 내려와 살고 있는 곳이고요. 그리고 지금 농장이 있는 대정읍 안성리는 외지인은 거의 없지만, 농지 중심으로 밭이 펼쳐진 지역이거든요. 지역 사람들의 집이라고 해 봤자 저기에 하나, 또 저기에 하나, 멀찍이 있어요.

게다가 저는 경쟁 작물을 가지고 들어온 게 아니라 올리브라는 새로운 것으로 하잖아요. 그러니 주변 지역 농부들이 저를 불쌍히 여기고 예쁘게 봐 줘요. "저렇게 해서 먹고살겠나, 그렇게 하다가 돈 못 벌면 집에서 쫓겨난다, 이렇게 해 봐라, 저렇게 해라." 하면서 필요한 도구를 빌려주시는 등 각종 지원을 해 주세요. 우연히 제가 만난 환경들이 좋았어요.

그리고 저는 있는 환경을 받아들이고 거기에서 해답을 찾는 스타일이에요. 제가 현지인이 아닌데 현지인처럼 될 수 있다는 생각은 애초에 버렸어요. 그래도 좀 더 여기에서 자연스럽게 잘 지낼 방법이 무엇일까 하면 지역 분들과 접점을 만드는 수밖에 없는데 너무 지역 마을 중심적인 커뮤니티보다는 더 큰 범위의 커뮤니티를 찾아다녔어요. 전국 친환경 농업가들이 모인 우프(WOOF), 청년 농업가들이 모인 4H, 사회적 기업가들이 모인 제주 사회적 경제 커뮤니티, 6차 산업 사업가들이 모인 협회 같은 곳이요. 그런 곳에서 동료를 만나 연결되고 동료의식이 생겨나니 큰 힘을 얻어요.

일과가 궁금합니다.

하루하루가 굉장히 다르긴 해요. 보통은 아침 4~5시에 일어나서 일정 정리하고 올리브 관련 자료나 책을 읽어요. 오전에 아이들 학교 보내고 나서 농장에 와서 일하거나 체험 클래스나 영농 창업 강의가 있으면 그걸 준비하거나 하러 가고, 그리고 밤에는 9시나 10시경에 쓰러져 잠이 들어요.

사업의 과정으로 보면 첫해에는 올리브 재배 관련된 일을 많이 했고, 그다음에는 가공 제품을 개발하고 판매하는 일, 그리고 요즘에는 올리브 관련 클래스나 영농 창업 교육 일이 많아요. 일과는 아니지만 단계별로 집중하고 있는 일이 다르다는 이야기는 드릴 수 있겠어요.

요즘 행복하다고 느끼는 때는 언제인가요?

나이가 드니 부모 세대나 지인 중에 아픈 사람이 생겨요. 그럴 때 제가 건강한 올리브에 대한 공부를 많이 하고 있으니, 건강이나 치료에 관련된 정보들을 나눠 줄 수 있어요. 그렇게 도움을 줄 때 행복하고요. 그리고 아이들이 아빠가 하는 일을 좋아해 줄 때 행복해요. 몸에 좋은 올리브 제품을 만드는데 아이들이 그걸 주위에 나눠 줄 때, 그런 모습을 보는 게 좋아요. 좋은 것이 퍼져 나가는 장면이니까요.

불안한 마음이 들 때는 없어요?

제가 자주 하는 말이 있는데요, 특히 아내한테 자주 말해요. "걱정과 불안으로 해결할 수 있는 건 없다."라고요. 걱정하고 불안해해서 뭔가 더 좋아질 수 있다면 얼마든지 많이 하겠지만 그런다고 달라지는 게 아니잖아요.

결과적으로 지금까지 인생이 잘 흘러왔어요. 운이 좋았다고도 할 수 있는데요, 큰 굴곡 없이 오다 보니까 앞으로도 잘 될 거라는 막연한 희망이 있어요. 게다가 당장 불안하다고 해도 애 키우다 보면 하루하루 일상이 바빠서 그냥 정신없이 지나가요. 그런 사이 벌써 3년이 지났고 올리브 나무도 많이 자랐어요.

제주로 오기 전으로 다시 돌아간다면, 무엇을 더 준비하고 싶어요?

음, 저는 준비 별로 안 할 것 같아요. 닥쳐서도 잘 못하는데 미리 준비한다고 잘할 수 있을까요? 준비를 많이 한다고 더 잘하는 건 아닌 것 같아요. 그게 사실이라면 준비 기간이 길면 더 잘해야 하는 건데, 오히려 준비 기간이 길면 고민과 걱정이 더 커지기도 하잖아요. 그럼 오히려 잘할 가능성이 낮아지는 게 아닐까요?

준비를 많이 해야 실전에서 잘한다고 배우긴 했는데, 현실에서는 준비를 많이 할수록 현실 가능성이 더 낮아지는 걸 자주 봐 왔어요. 뭐가 됐든 일단 하고 나면 준비가 모자랐더라도 채워질 거고, 모자란 게 있으면 그것 대신 잘하는 걸 더 하면 되니까요. 준비할 시간에 빨리 시작하는 게 좋아요. 빠른 시작이 더 빠른 준비라고 생각합니다.

만약에 제주로 오지 않았다면, 지금 어디에서 무엇을 하며 살고 있을 것 같아요?

그때는 어쨌든 쉼표를 찍을 시기였으니 제주가 아니었으면 외국에 갔을 수도 있겠어요. 쉼표를 찍는 건 어디에서 찍어도 상관없으니까요. 만약에 지금의 시점, 이 상황에서 돌아가 결정할 수 있다면 스페인으로 갈 것 같아요. 스페인이 전 세계 올리브 생산 1위 국이거든요. 그러니 쉬더라도 거기에서 쉬면 올리브 재배, 올리브 문화 등을 최대한 가까이에서 만끽할 수 있지 않을까요?

현재 하고 있는 고민은 무엇인가요? 그리고 앞으로의 목표는요?

처음에 제 소개를 할 때 '올리브 커뮤니케이터'라고 했어요. 올리브에 대한 다양한 전문가가 있겠지만, 저는 올리브를 잘 알리는 전문가가 필요하고, 그 역할을 제가 잘할 수 있고 또 해야겠다고 생각하고 있어요.

지금은 제주 올리브를 잘 재배하고 제주 올리브를 어떻게 알릴지에 중점적으로 힘쓰고 있지만, 나아가서는 제주 올리브에 한정하는 것이 아니라 우리나라에 올리브에 대한 정보와 문화를 퍼뜨리는 역할을 하고 싶어요. 올리브를 맛있고 제대로 즐길 수 있는 문화를 퍼뜨리는 활동을 해 나가면서 제주 올리브를 넘어 올리브 문화 전도사가 되려고 합니다.

하지만 이건 목표이기 보나는 제가 나아갈 방향성이고요, 제 목표는 지금의 이 평화로움과 행복이 끊이지 않는 삶을 사는 거예요. 현재 하는 고민이라고 한다면 제가 가고자 하는 방향과 목표를 두고 어떻게 해 나가야 할지에 대한 생각 정도일 거예요. 노력한다고 인생이 꼭 그렇게 되지는 않잖아요. 그래도 그리로 가 보겠다는 이 정표는 세우고 있어요.

저는 '무에서 유를 만드는 것'은 선호하지 않아요.
대신 가진 환경과 자원으로 뭘 할 수 있는지,
그리고 뭘 해야 최선의 결과를 낼 수 있을지
열심히 찾을 뿐이에요.

오마이코티지 & 오마이살롱
손주희

어렴풋한 그림만 있어도 괜찮아요

동화 속 집과 정원, 카페. 제주 서귀포시 안덕면의 마을 안에 생각지도 못한 예쁜 풍경이 숨어 있다. 바로 '오마이코티지(숙소)'와 '오마이살롱(카페)'이다. 제주 안의 유럽 같기도, 실재하는 동화 속 한 장면 같기도 한 이곳을 직접 만들고 운영하는 손주희 대표는 제주로 오기 전에 동대문에서 도매업을 했다. 꽤 오래 잘해 오던 일에서 더 이상 열정을 느끼지 못했을 때, 관두기로 했다. '뭘 해도 되지 않겠어?' 하는 생각으로 그만둔 것이 열정을 되찾고 새로운 삶과 일을 만드는 시작이 되었다.

손주희 대표는 당장에 하지 못하더라도 어렴풋이라도 내가 하고 싶은 일, 내가 가고 싶은 길을 그려 두는 게 중요하다고 말한다. 힘든 상황이나 확신이 없을 때도 '나 자신을 믿는 것'만이 할 수 있는 유일한 것이라고.

매 계절이 바뀔 때마다 '코티지가든'을 새로운 꽃들로 채우고 바꾸면서, 또 하고 싶은 일을 구상하면서.

제주에 오기 전에는 어디에서 무슨 일 하셨어요?

2020년 5월에 제주로 이주했는데, 그전에는 서울 동대문에서 약 9년 동안 청바지 도매업을 했어요. 제가 디자인과 제작을 맡았고, 남편이 판매를 담당했죠. 7년 정도 했을 때 사업이 조금 하락세를 타기 시작했는데, 그렇다고 상황이 크게 나쁘진 않았어요. 이전보다 약간 주춤한 정도였죠. 하지만 중요한 건 제가 그 일에 대한 열정을 잃었다는 거예요. 일을 지속하는 게 하나도 즐겁지 않더라고요.

저는 일이 아무리 힘들어도 열정이 있으면 신나게 몰두하는 스타일인데, 반대로 일이 잘 돼도 열정이 식으면 끈기를 유지하기가 어려워요. 그래서 잘해 오던 일이었지만, 그만하고 싶다는 생각이 들었어요. 열정이 없는 상태로 억지로 버티는 건 답이 아니라는 결론을 내렸죠. 다만, 저 혼자 결정할 수 있는 일이 아니었어요. 저희 부부가 함께 전념하던 일이었기에 남편을 설득해야 했죠. 남편을 설득하고 그 일을 정리하는 데에 약 2년이 걸렸어요.

잘해 오던 일을 그만두는 것, 쉽지 않은데요. 두렵지 않았어요?

당시에 저는 '뭘 해도 되지 않겠어?' 하는 자신감이 있었어요. 그것보다도 더 분명한 건 열정이 식어 버린 일을 정리해야 한다는 생각이었죠. 남편은 잘해 오던 일을 지속하고 싶었기에 갈등이 생겼어요. 하지만 잘해 오던 일보다 열정으로 할 수 있는 새로운 일을 하고 싶은 제 마음이 너무 커서 저는 돌이킬 수가 없었어요. 그래서 처음엔 남편이 중심이 되어 하던 일을 지속하고, 동시에 저는 해 보고 싶은 것을 온라인으로 시작해 보기로 했죠. 대신 고정 비용을 줄이기 위해 매장을 내놓고, 살던 집도 줄여서 옮기려고 내놓았어요.

해 보고 싶었던 일은 무엇인가요?

제가 만들고 싶은 옷과 소품을 다양하게 디자인하고 제작해서 소매 고객에게 팔아 보고 싶었어요. 도매하면서도 실제로 나가는 수량을 통해 고객의 반응을 알 수 있고 인정도 받았지만, 도매는 특정 옷을 대량 생산해야 하기에 다양한 시도를 하기는 어려웠어요. 그리고 제가 하고 싶은 디자인보다는 사람들이 원하는 디자인, 대량으로 잘 나가는 디자인을 하게 되면서 열정이 식었던 것 같아요.

만들어 팔고 싶은 상품에 대한 아이디어가 많았어요. 그래서 블로그나 SNS를 통해 상품을 팔다가, 자체 브랜드 사이트('해브어네임')를 만들어서 아이와 엄마가 함께 메는 가방과 옷, 소품 등을 팔았어요. 그러다 보니 2년간은 두 가지 일을 동시에 해야 했어요. 저를 갈아 넣는 시기였지만 너무 재미있었어요.

하고 싶은 일을 바로 해 보신 셈인데, 반응은 어땠나요?

엄청나게 잘 된 동시에 잘 안됐어요. 히트 상품 중 하나가 주문 제작 가방이었어요. 가방에 이름을 새겨 주는 것이 해당 제품의 특징이었는데, 판매 중 주문 창을 닫아야 할 정도로 큰 인기를 끌었어요. 문제는 대량 생산 판매가 되지 않는 수작업 제품이었고, 제품 생산 비용이나 드는 노력에 비해 판매 가격을 낮게 책정해서 마진 구조가 좋지 않았어요. 수작업이 포함되다 보니 그만큼 클레임도 많고 클레임을 처리하는 과정에서 마음에 상처를 입기도 하고요. 가장 인기 있던 품목이 일명 '대박 히트'를 쳤지만, 지속하기는 힘들었어요.

힘든 점은 있었지만, 시도한 일이 잘 된 편이네요. 그런데 어쩌다 제주로 오게 된 건가요?

도매일을 축소하면서 내놨던 집이 생각보다 빨리 나가면서 급히 우리가 옮겨 살 집을 구해야 하는 상황이 됐어요. 그때 남편과 갈등이 매우 컸는데요, 다툼이 커지던 때에 저는 생각 정리할 시간이 필요하고, 제가 좋아하던 가방도 그만 제작하기로 한 타이밍이라 고민이 많았어요.

예전에 제주에서 보름살이 했을 때의 기억이 너무 좋아서 제주에서 지내면서 고민해 보기로 했죠. 그래서 제주에서 지낼 곳을 찾게 됐는데 그러던 중에 제주에서 민박업을 하면서 하고 싶은 일을 지속해도 되겠다는 생각이 들었어요. 그러던 참에 남편도 저의 의견에 극적으로 동의해 주면서 서울의 일을 정리하고 제주에서 함께 다시 시작해 보기로 했어요. 제주에서 살 집을 알아보다가 지금의 '오마이코티지'와 '오마이살롱'이 있는 제주의 구옥을 계약하고 이사하게 됐어요. 제 나이 마흔이었어요.

보통 '마흔' 하면 모험보다는 안정을 원할 때인 것 같은데요, 그럼에도 사는 지역과 하던 일을 모두 바꾸면서 모험을 벌이셨어요. 서울 동대문에서 도매업을 하다가, 온라인으로 제작 상품 소매업을 병행하다가, 그러다가 제주에서 민박업을요.

제주에 애초에 민박업을 하려고 온 건 아니었어요. 더 이상 열정이 발휘되지 않는 일을 정리하면서, 뭘 하고 싶은지를 생각했을 때, 온라인으로 해 오던 일('해브어네임')을 더 제대로 해 보고 싶은 것과 동시에 제 머릿속에 선명하게 그려지던 공간을 만들고 싶은 열정이 생겼어요. 공간을 만들어 '해브어네임'의 쇼룸으로 활용하고 싶었어요. 민박업을 떠올린 건 생계를 책임져 주던 일을 관뒀으니, 민박업으로 어느 정도 수익을 보전하려고 했던 거예요.

제주에 온 이후부터 숙소 '오마이코티지'를 열기까지의 과정은 어땠나요?

제주로 와서 일단 반년은 놀았어요. 부부가 함께 일하는 분들은 공감하실 텐데, 휴식이 없었어요. 집에서도 밖에서도 일이 이어져요. 가족이자 배우자이지만 비즈니스 파트너이기도 하니까 여러 부분으로 부딪치고 지쳤어요. 회사에서 치열하게 논의하고 가끔은 갈등도 생기던 동료가 내 집에도 있는 거죠? 그래서인지 제주에 왔을 때 노는 시간이 필요했던 걸지도 모르겠어요.

가지고 있던 돈을 쓰기만 하면서 놀다가, 어느 날 정신이 번쩍 들었어요. 공간을 열려면 인테리어를 해야 하는데 벌이 없이 쓰기만 하니 예산이 줄어들고 있었거든요. 닥쳐야 정신이 드는 편이에요. (웃음) 제주로 이주하겠다 결심하고 서울과 제주를 다섯 번 오가면서 산 제주 구옥이었는데, 고쳐야 할 게 많았어요.

부부가 함께 일하면서 갈등이 매우 컸음에도 불구하고 함께 모험을 시작했고, 지금도 함께 사업을 운영하고 계시네요.

함께 일하되, 서로의 영역을 확실하게 분업하고 맡겨 줘요. 서로가 잘하는 걸 찾아 역할을 나누었죠. 숙소 예약이나 손님 관리, 카페 매장 관리나 바리스타 일은 전적으로 남편이 해요. 저는 SNS로 이곳을 알리고 소통하는 역할과 전반적인 운영 관리를 하고요. 카페 한편에서 파는 리빙 소품들을 선별하고 구매 관리하는 것도 제 일이에요.

'오마이코티지'나 '오마이살롱'에 직접 와 보면 '동화 같은 숙소와 카페'로 단번에 설명이 돼요. 방문자들의 리뷰에서도 확인할 수 있어요.*

제 머릿속에 그려진 그림이 하나 있었는데 '아침에 새소리를 들으며 야외에서 조식을 먹는 모습'이었어요. 그래서 집을 찾을 때 그런 모습을 연출할 수 있을 만한 곳을 찾았어요. 저는 그 한 장면만을 생각했어요. 그리고 따뜻한 남부 유럽의 꽃과 나무들이 어우러져 온화한 느낌이 있는 정원도 만들고 싶었죠. 남부 유럽에서 얻은 모티브를 제주 시골에 접목해 보게 됐어요. 유럽 미장을 배워 직접 시공했어요. 그리고 유럽 빈티지 조명과 제품으로 공간을 채웠어요. '오마이코티지' 앞마당 정원인 '코티지가든'도 직접 꾸미고 있고요.

'오마이살롱'은 현재 카페인데요, 원래의 계획이라면 이곳이 '해브어네임' 오프라인 매장이자 쇼룸이 되어야 하는 거 아닌가요?

원래는 그랬는데 순식간에 변경됐어요. 다양한 소품과 제가 직접

---

* '오마이코티지'와 '오마이살롱'은 안채와 바깥채로 이루어진 제주 구옥을 리모델링한 공간으로, 안채는 숙소인 '오마이코티지', 바깥채는 카페인 '오마이살롱'이 되었다. 그리고 그 사이의 공간이자 '오마이코티지'의 앞마당은 사계절 다른 꽃을 피우는 '코티지가든'이다.

제작한 것들을 팔려고 준비하다 보니 이 공간이 거기에 맞지 않다는 생각이 들었어요. 숙소 손님에게 무엇이든 대접해서 숙소인 '오마이코티지'와 시너지 효과를 내는 공간이 되어야 할 것 같았죠.

제가 하고 싶은 게 단순히 상품을 판매하는 게 아니라, 오는 사람에게 어떤 문화를 팔고 싶은 거라는 걸 그때 알았어요. 숙소에 머물러 온 게스트나 방문객들의 오감을 만족시키고 싶더라고요. 거기에 꽂혀서 엄청나게 노력했죠.

카페 이름 '오마이살롱(Oh My Salon)'에 '카페'가 아니라 '살롱'을 붙였어요. 오감을 충족시켜 주고 문화적인 활동이 어우러지는 장소이자 그런 역할을 하고 싶어서 지은 이름이에요. 저는 계획적이지도 않고 허술한 사람인데 하고 싶은 것에 꽂히면 그건 완벽하게 해내려고 해요. 원래 하고 싶었던 일도 약 4년을 미루고, 숙소와 카페 공간을 완성하려고 지금까지 달려왔어요.

이 이야기를 하면서 눈이 반짝이는 게 느껴져요. 하지만 준비하는 과정이 쉽지만은 않았을 것 같아요.

저는 제 눈이 반짝이면서 설렐 때 너무 행복해요. 당연히 힘든 점이 있었지만 설레어서 버틸 수 있었어요. 제 머릿속에는 펼쳐 보이고 싶은 한 장면이 분명히 있는데 남편에게 설명하고 설득하는 게 어려웠어요. 돌아보면 그럼에도 저를 믿고 가 보겠다고 해 준 남편, 같이 위험을 감수하고 도전해 보겠다고 한 남편 덕에 이렇게 해 올 수 있었던 것 같아요. 지나서야 알게 되었지만요.

저는 당시에도 이것의 결과엔 자신이 없었어요. 성공할 거라고 어떻게 확신해요? 대신 제가 그린 모양으로 끝까지 완성할 수 있겠다는 생각과 믿음, 자신감은 있었어요. 그러니 저도 불안함 속에서 그냥 묵묵히 닥친 일을 했을 뿐이에요. '일과를 클리어한다.' 도장 깨기를 하는 식으로요. 그렇게 오늘과 내일이 흘러갔고, 그러다 보니 이 공간이 완성됐어요.

성공할 거라는 확신은 없었지만, 어쨌거나 생각한 그림을 실제로 만들었어요. 그다음의 결과는 손을 떠난 일인 건데요. 공간을 오픈했을 때 반응이 어땠나요?

기대 이상이었어요. 방문하는 분마다 좋아해 주시고, 입소문을 타고 많은 고객들이 찾아와 주셨어요. 그런데 문제가 있었어요. 오픈하기 전에 컨설팅 같은 건 단 한 번도 받지 않았거든요. 그러다 보니 이 공간에 테이블은 몇 개를 두고 어떤 방식으로 해야 매출이 유지가 되는지에 대한 계산이 안 되었던 거죠. 컨설팅을 받든 공부를 하든 조금만 더 수익 구조나 방식을 알고 시작했다면 좋았을 것 같아요.

근데 그랬다면 제가 하고 싶은 그림을 만들기 위해 모든 걸 쏟아붓거나 원하는 걸로 채워 넣지는 못했을 거예요. 요즘, 어떻게 해야 안정적으로 운영할 수 있을지 고민하고 있어요. 고민의 순서는 좀 바뀐 것 같지만 지금 하고 있으니 그 답을 찾을 거예요.

만약 공간 오픈 전으로 돌아갈 수 있다면, 다르게 하실 거예요?

아뇨. 저도 그 생각을 해 봤는데, 돌아가서 했어도 이렇게 할 거예요. 제 마음에 드는 완성된 곳을 만들기 위해 무조건 다 쏟아부어서 똑같이 했을 거예요. 하지만 앞으로 또 다른 공간을 열게 된다면, 이제는 합리적으로 계산하고 따져서 해야겠다고 생각해요. 그건, 제가 하고 싶은 걸 다 쏟아부은 이곳이 있기 때문이죠. 이곳을 만들면서 저의 능력치, 저의 자신감 등을 확인한 셈이에요.

'오마이코티지'에 첫 숙박 손님이 온 날, 기억하세요?

그날, 머리가 새하얘진 일이 있어서 잊을 수가 없어요. 손님이 숙소에 들어가셨는데 따뜻한 물이 안 나온다는 거예요. 손님 맞을 만반의 준비를 다 했는데, 보일러가 작동을 안 하니 저랑 남편 둘 다 '망했다, 손님한테 뭐라고 말해야 하나.' 하면서 정신이 하나도 없었어요. 그래서 보일러 공사 업체에 전화했는데, 잠가 둔 밸브 열었냐고…. 밸브만 하나 열면 되는 거였는데 첫 손님을 받은 날이라 그것도 생각을 못 한 거죠.

그때 제대로 배웠어요. 손님 받는 공간을 운영할 때, 이 공간에 관련된 모든 것을 세세하게 다 알고 있어야 한다는 것을. 그때부터 다시 여정이 시작되는 거였어요. 오픈을 하고 나면 그게 또 다른 시작이에요. 그러면서 공간은 계속해서 더 완성되어 가는 것 같아요. 그때도 나름의 완성이라서 오픈을 한 거지만 지금에 비하면 그때의 완성도는 떨어져요.

보일러 사건이 있긴 했지만, 첫 손님이 정말 좋아해 주시고, 행복하다고 말해 주셔서 행복했어요. 그간 공간을 준비하며 겪었던 힘듦을 한 번에 다 보상받는 느낌이었죠. 이렇게 행복할 수 있을까 싶을 만큼 많이 행복했던 기억이에요.

'2020년 11월부터 지금까지 오마이코티지만 생각하며 달려왔고, 드디어 완성되었다.'라고 SNS에 남기신 것을 봤어요. '오마이코티지의 완성', 어떤 의미인가요?

제가 머릿속에 그렸던 공간의 모습을 거의 그 모습과 가깝게 이루어 낸 게 최근(2024년 10월경)이에요. 스스로 만족하는 수준까지 했다는 의미죠. 그리고 이제 완성했으니, 드디어 원래 제가 제주 와서 하려고 했던 일을 시작할 수 있는 시점이 되었다는 의미이기도 해요. 그러니 홀가분하기도 하고 또 설레는 마음으로 SNS에 그렇게 남겼어요.

서울 동대문에서 약 9년간 해 오던 도매업과 지금 제주에 와서 하고 있는 '오마이코티지(숙박)', '오마이살롱(카페)'의 수익을 비교하면 어때요?

비교가 안 돼요. 서울에서 벌던 수익이 훨씬 커요. 제주에서 수익까지 그 정도 된다면 제주의 삶은 그야말로 너무 환상적일 것 같아요.

수익적으로 비교도 안 될 만큼 이전보다 현재가 적다는 건데, 그럼에도 여기에서 삶을 지속하고 있다는 건 이곳의 삶이 그것을 채워 주고 남을 만큼의 매력과 만족이 있단 건가요?

마음의 여유가 확실히 찾아졌어요. 제 자신의 치유, 그리고 남편과의 관계상의 치유, 가족의 행복이 찾아졌죠. 그리고 거의 9년간 잘해 오던 일과, 이제 시작한 지 3년 지난 일을 수익만으로 비교하는 건 맞지 않고요. 앞으로 어떨지 모르는 거잖아요. 어떻게 수익적으로도 안정적으로 운영을 할지 이제 고민을 시작했으니까요.

이렇게 아름다운 카페와 숙소를 하는 호스트의 일상, 여유롭고 아름답기만 할 것 같은데요. 실제로 일과가 어떤지 궁금해요.

의외로, 서울에서의 일상에서 드라마틱하게 바뀌지 않았어요. 삶의 장소만 바뀌었어요. 서울의 생활에 비해 조금 천천히 흘러가는 정도예요.

오전에 일어나서 아이 학교 보내고요, 저는 주로 밤에 다양한 아이디어를 떠올리고 집중해서 일하기에 오전에 아이가 학교 가고 나면 잠을 보충하거나 쉬어요. 컨디션이 좋을 때는 정원 일을 하고요. 그리고 아이가 돌아오면 아이 돌보고 저녁 먹고, 다시 아이가 잠들고 나면 저의 하루가 시작돼요. 숙소와 카페 공간을 완성하기까지 에너지를 쏟느라 정작 하려고 한 제 일이 미뤄져 있었거든요.

이제는 그것에 집중하여 재구축할 수 있는 때가 되었기에 밤엔 오롯이 집중해서 고민하고 있어요. 동시에 지금 하는 카페와 숙소를 어떻게 더 안정되게 할지, 메뉴 개발, 마케팅 등을 고민하기도 하고요.

하루 중 가장 좋아하는, 가장 행복한 시간은 언제인가요?

오롯이 집중해서 새로운 것을 구상하고 계획하는 밤이요. 새로운 제품 기획이나 사이트 구축 등에 대한 준비를 하느라 밤이 꽉 차요.

실제로 살아 보면서 느낀 제주가 좋은 이유, 가장 만족스러운 부분은 무엇인가요?

제주는 시골이라기에도 도시라기에도 말하기 애매한, 중간적 지점에 있어요. 그게 제주의 매력 같아요. 게다가 어디서든 10분 정도만 가면 아름다운 바다, 산에 가 닿고요. 그리고 매일 예쁜 하늘을 볼 수 있어요. 운전하면서 하늘을 볼 때마다 매번 충만함을 느끼고, 행복하다는 생각을 해요.

서울이나 다른 곳에서도 행복할 수 있지만 제주에서는 좀 더 행복할 횟수가 늘어난다고 표현하고 싶어요. 사계절이 기다려져요. 특히, 정원을 가꾸면 사계절이 기다려지는 경험을 제대로 하게 돼요. 사계절을 기다리는 게 얼마나 행복한 것인지, 저와 우리 가족은 제주에 와서 알게 되었어요.

한편, 제주라서 아쉬운 점은 없나요?

별로 없어요. 굳이 찾아보자면, 원래 친했던 사람들과 멀어진 것, 부모님이나 친척, 친구들과 자주 못 만나는 것. 그게 조금 아쉽고, 그 외엔 다 만족해요.

제주에서 초등학생 아이를 키우고 있는 학부모이기도 하시죠. 한 번쯤 아이를 제주에서 키워 보고 싶은 분들이 많아요. 장점은 너무나 잘 아실 것 같은데, 어려운 점은 잘 모르실 것 같거든요?

방금 이야기했던 것과 같은 맥락인데, 육아를 분담해 줄 가족이나 지인이 없는 점이 힘들 때가 있어요. 도시에선 부모님이나 지인에게 맡기거나 학원에 보내는 등 아이를 잠깐 제 품에서 떼어 놓을 방법이 있다면, 제주에선 그게 어려워요. 하지만 아이가 초등학교 고학년이 되면서 스스로 하는 게 많아지니 수월해지고 있어요.

지금 하는 이 일을 나중에 아이에게 물려주고 싶은 생각이 있으세요?

얼마 전에 아이가 먼저 말했어요. 나중에 자기가 이걸 이어서 하고 싶다고요. 아직 어리니 나중에 어떻게 생각이 변할지는 모르겠지만, 일단 딸이 그렇게 말하는 건 지금의 모습이 딸아이에게도 만족스럽고 저희의 삶이 좋아 보인다는 의미이겠죠?

진짜로 성인이 되어서도 이걸 하겠다고 하면, 그대로 줄 수는 없고, 제가 그랬듯 딸아이가 하고 싶은 꿈을 향해 노력해서 이루기를 바라요.

새로운 곳으로 이주하고, 그곳에서 내가 원하는 모습으로 살아가는 것에는 두려움이 동반되기도 하죠. 지금의 모습을 계획하고 실행하면서 가졌던 두려움이나 걱정은 무엇인가요?

지금도 풀지 못한 문제인데요. 안정적인 미래, 지속 가능성은 끊임없이 하는 걱정인 거 아닐까요? 여기에 온다고 해서, 하고 싶은 걸 한다고 해서 없어지는 건 아닌 거 같아요. 누구나 마찬가지일 거예요.

그럼, 지금도 진행 중인 두려움과 걱정은 어떻게 극복하나요?

계속해서 배우고 노력하는 것으로 극복해요. 그리고 여러 가지 일을 시도해 보고 연결해서 지금까지 해 왔으니까, 앞으로도 이게 아니어도 또 다른 걸로 이어 갈 수 있다는 자신감이 있어요. 그게 제게 평정심을 갖게 해 줘요.

제주에는 관광지로서의 성수기와 비수기가 있죠. 결국 관광객에 의존할 수밖에 없는 구조인데요, 비수기와 성수기에 매출 차이가 크게 나나요?

저희의 경우에는 큰 차이 없이 꾸준해요. 공간의 크기에 맞게 소규모 고객으로도 이미 공간이 꽉 차서 더 많은 분이 와도 받을 수가 없어요. 이런 점에서 성수기와 비수기의 차이는 거의 없어요. 비수기라고 해도 저희 숙소나 카페를 찾아보고 오실 분들은 오시고요. 이게 어쩌면 한계이기도 한데, 그냥 딱 저희의 그릇만큼은 하는 것 같아요.

앞으로의 계획, 그리고 삶의 목표가 궁금합니다.

일단 제가 제주에 오기 전부터 시도하고 생각해 왔던 디자인 제품을 만들고 판매하는 온라인 사이트를 '오마이코티지'의 이름으로 다시 준비해서, 제주를 기반으로 운영할 예정이에요. 머리에 그려둔 것이 있는데 역시나 저는 말로 설명하기보다 완성해서 보여 주는 편이 나은 것 같아요.

그리고 목표라고 하면, 하는 일을 글로벌한 방식으로 발전시켜서 1년에 3분의 1은 제주, 3분의 1은 해외, 3분의 1은 서울에서 살고 싶어요. 이게 제 최종의 꿈이에요. 저는 쉬고 싶지 않아요. 쉬지 않고, 놀지 않고, 열정으로 열심히 일하고 싶어요. 지금 그런 열정으로 이곳에서도 행복하니까 앞으로도 그렇게 해 나갈 거예요.

하고 싶은 일이 있어도 못하는 상황에 있는 사람도 많아요. 그런 분께 어떤 말을 해 주고 싶으세요?

어린 시절에 가정 형편이 별로 좋지 않았어요. 결혼할 때도 둘 다

가진 것 없이 시작하면서 목이 좋지 않은 상가에서 일을 시작했고요. 힘든 상황도 이겨 낼 수 있었던 건, 좋아하는 것을 놓지 않았기 때문인 것 같아요.

불안한 시기는 누구에게나 있어요. 그러면서도 확신이 없는 길을 계속 걸어가려면, '나 자신을 믿는 것'이 유일한 방법이에요. 나를 믿고 묵묵히 당장의 상황에서 할 수 있는 것들에 최선을 다하다 보면, 다만 '놓지만 않으면', 본인 마음속에서 바라는 방향으로 가게 되는 것 같아요.

저는 특별한 재능이나 든든한 지원이 없더라도 순간순간 최선을 다했기에 지금의 행복한 길에 와 있다고 생각해요. 그러니 당장 부족함이 있다고 해도, 너무 먼 미래까지 보지 않더라도, 당장 지금 닥쳐서 해결해야 하는 그 일을 하면서 하나씩 해결해 보세요. 거창한 목표가 없어도, 어렴풋이라도 내가 가고 싶은 길을 그려 두면, 그 길로 가게 될 거예요. 제가 그랬으니까요.

'뚜렷한 무언가가 있어야 하는 거 아닌가, 난 그런 것 없는데?'라고 생각하는 것 자체도 스트레스니까 그런 스트레스로 우리를 못 나아가게 잡지 말고요. 그냥 '이렇게 가는 건가 보다, 이렇게 흘러가는구나, 허튼짓만 안 하면 그리로 갈 거야.' 생각하며 가도 된다고 말하고 싶어요.

좀 더 똑똑하고 현명한 사람들은 좀 더 쉽게 가지 않을까 생각도 해 봤는데, 모르는 일이죠. 앞일은 누구나 예측할 수 없는 거니까요. 나만의 방식으로 웃으면서 가면 되는 것 같아요.

불안한 시기는 누구에게나 있어요.
그러면서도 확신이 없는 길을 계속 걸어가려면,
나 자신을 믿는 것이 유일한 방법이에요.

랄라밀랍초 & 랄라몽

랄라 & 룰루

분명히 잘될 거라는 엄청난 확신

제주에서 자유롭게 살아가는 아티스트 커플, 랄라와 룰루. 이들은 명상하고 밀랍초를 만들고, 북을 치고, 수영하고, 때로는 비자림로를 지키는 목소리에 힘을 보태며, 바다에 떠내려온 것들을 주워 와 새로운 생명을 준다.

그들은 자연을 사랑하며, 그들의 삶의 모습과 다를 바 없는 브랜드 '랄라밀랍초'를 만들었다.

랄라는 서울에서 마케팅, 축제 기획 일을 하다가 제주로 왔고, 룰루는 비디오 아티스트로 부산과 태국에서 살다가 제주에 왔다. 지금은 사랑하며 한 공간에서 함께 살고, 밀랍초를 빚으며 '랄라밀랍초'를 꾸려 간다. 또한 틈이 나는 대로 태국과 제주를 오가며 태국의 친환경적인 면, 리넨, 햄프 등으로 만든 의류나 액세서리를 소개하는 '랄라몽' 브랜드를 함께 운영한다.

제주에서 무엇을 하며 어떻게 살아가고 있나요? 스스로 본인들을 어떻게 소개하는지 궁금해요.

랄라 '자유롭게 살아가는 아티스트 커플'이라고 말하곤 합니다. 저희의 삶과 일은 동일하기 때문에 하는 일을 중심으로 소개하면, 우리를 표현하는 하나의 도구인 밀랍초를 만들고 판매하며, 밀랍초와 함께하는 경험을 사람들과 공유하며 살고 있어요. 이 외에도 음악, 사진, 영상 등 다양한 방식으로 저희가 하고 싶은 이야기와 삶의 방식을 표현하며 살아갑니다.

두 분이 하고 싶은 이야기는 무엇인가요?

랄라 사람과 환경이 공존해서 살아가야 한다는 것, 그리고 이것을 사람들이 잊지 않고 늘 생각하며 살면 좋겠다는 이야기를 다양한 방식으로 하려고 해요.

두 개의 브랜드 '랄라밀랍초'와 '랄라몽'을 운영하고 있습니다. 이 브랜드는 두 분이 하고 싶은 이야기를 어떻게 담고 있나요?

랄라 '랄라밀랍초'는 자연에서 온 재료인 밀랍(일명 '꿀벌집')을 자체 연구해 제작한 천연 밀랍초를 판매하는 브랜드예요. 또한 저희가 밀랍초를 통해 얻은 경험과 가치를 사람들과 나누기 위해 직접 만든 공간, '랄라밀랍초 아뜰리에 촉(燭)'에서 '초명' 체험도 진행합니다. 저희가 만드는 밀랍초는 100% 천연 밀랍으로 이루어져 있고, 태우는 동안 밀랍초의 천연 성분들이 공기 중으로 퍼지며 호흡을 통해 우리에게 전달돼요. 결국 인간과 자연이 순환하는 관계임을 느낄 수 있게 하는 하나의 오브젝트(object)인 셈이에요.

'꿀벌이 지구상에서 사라지면, 인류는 4년 안에 멸망할 것이다.'라는 말이 있을 정도로 꿀벌은 생태계 균형에 필수적인 존재예요.• 그런데 최근 전국적으로 꿀벌이 사라지고 있다는 소식을 접하면서 양봉 농가 종사자분들과 이야기를 나누고, 전문가의 의견과 관련 기사들을 찾아봤어요. 결국, 꿀벌을 보호하기 위해 기후 위기 해결에 모두가 힘써야 한다는 결론에 이르렀어요. 밀랍초가 만들어 내는 따뜻한 빛을 통해 자연과 인간의 공생, 함께 살아가는 모습을 그려 나갈 수 있다면 더할 나위 없이 기쁠 거예요.

또한, '랄라몽'은 100% 면, 리넨, 햄프, 뱀부로 만든 옷을 태국에서 직접 가져와 소개하는 브랜드입니다. 자연에 해가 덜 가면서도 자연과 잘 어울리는 옷을 통해 사람과 환경의 공존을 이야기하고자 합니다.

'초멍'과 초멍 공간인 '랄라밀랍초 아뜰리에 촉(이하, '촉')'에 대한 설명이 필요할 것 같아요.

룰루 세상 속 화려하고 정신없는 빛들을 피해, 작은 촛불 빛 하나에 집중해 보는 시간은 누구에게나 필요한 것 같아요. '불멍'은 장작

• 유엔환경계획(UNEP) 보고서에 따르면 세계 식량 90%를 차지하는 작물 100종 중 70종 이상이 꿀벌의 수분으로 생산된다. 즉, 꿀벌이 사라지면 농작물을 포함한 식물과 이를 먹고 사는 동물, 그리고 결국 인류도 위기에 처하게 된다. 서식지 파괴, 기후 변화, 환경 오염 등의 이유로 전 세계적으로 꿀벌 개체 수가 급격히 줄어들고 있다. 2016년 미국에서는 하와이 토종 꿀벌 7종이 멸종 위기종으로 지정되었고, 과학자들은 현재의 감소 추세가 지속된다면 2035년경 꿀벌이 멸종할 수 있다고 우려하고 있다.

을 준비하고 때는 등의 준비와 그에 맞는 큰 공간이 필요하죠. 하지만 '초명'은 밀랍초 하나로 어디서든 가능해요. 손쉽고 깔끔해서 누구나 편히 즐길 수 있는 하나의 명상 수단이자 밀랍초를 즐기는 하나의 방식이에요. 시중에 흔히 파는 많은 초들은 파라핀 왁스와 인공향료를 포함하고 있어서 실은 건강이나 생활 환경에 좋지 않아요. 하지만 천연 밀랍초는 피우고 있으면 꿀 향이 은은하게 퍼지고 프로폴리스 성분이 나와서 편안해져요.

랄라 저희는 일상적으로 밀랍초를 켜 두고 지내요. 명상하면서 집중하거나 혹은 생각을 비우기 위해 '초명'을 해요. 저는 힘들 때 밀랍초를 통해 많은 치유를 받았어요. 그 힘과 매력을 제가 너무 잘 알기에 많은 사람들도 이걸 좋아하고 알아봐 줄 거라고 생각했어요.

초명 공간인 '촉'은 180년 된 돌 창고를 직접 고쳐서 만들었어요. 이 공간을 꾸밀 때 자연을 해치는 것은 최소화하려고 웬만한 재료는 다 버려진 것에서 구했어요. 내부 벽에 덧댄 나무판자는 제주에 흔한 귤 상자를 쪼개 쓴 것이고요, 등받이나 초 걸이 등 디자인 선반은 해변으로 떠내려온 유목으로 만들었어요.

제주에 오기 전엔 어디에서 무슨 일을 하며 지냈어요?

랄라 저는 서울에서 나고 자라 서울에서 마케팅, 기획 일을 했어요. 회사에 다니기도 하고 직접 제 회사를 운영해 보기도 했어요. 그런데 마지막 회사를 퇴사할 무렵에 공황 장애가 생겼어요. 평소 여행을 하며 많은 영감을 얻었던 태국에 가서 푹 쉬려고 했는데 그때 코로나가 터졌죠. 그래서 태국 대신 온 곳이 제주였고, 이곳에서 지내며 출국할 수 있는 때를 기다리려고 한 건데 룰루를 만나 지금까지 제주에서 쭉 살고 있어요.

룰루 저는 비디오 아티스트로 부산에서 활동하다가 제주 오기 전에는 태국에서 지내고 있었어요. 그런데 코로나가 터지면서 태국의 국경이 닫힌다는 소식이 들리자마자 급히 제주로 왔어요. 제주의 한 바닷가에 텐트를 치고 지내고 있었는데 근처 게스트하우스에서 묵던 랄라를 만나 지금은 텐트가 아닌 집에서 함께 살고 있습니다.

왜 '룰루'와 '랄라'죠?

랄라 제가 머물던 제주의 게스트하우스에서 '팝업 바'를 연 적이 있는데, 그때 규칙이 모두 닉네임을 쓰는 것이었어요. 그때 룰루가 왔었는데, 왜 룰루냐고 물었더니 룰루가 "랄라를 찾고 있거든요."라고 했어요. 이후에 연이 이어지면서 저는 자연스레 '랄라'가 되었어요.

과거에 찍은 점들이 연결되어 현재가 된다고 생각하는데요, 두 분의 이야기에서 '밀랍초'는 어느 지점에서 이어지게 된 걸까요? 왜, 어떻게 밀랍초 작업을 하게 되었나요?

랄라 자급자족하는 삶이 결국 저희가 원하는 삶의 모습이에요. 제주에 온 후에 무엇을 하며 살아갈지 생각했을 때, 단순히 제품을 만들어 판매하는 목적으로 무언가를 하는 건 성에 차지 않았어요. 우리가 만드는 것에 우리가 살아가는 방식이 고스란히 담기고, 그것으로 우리가 꿈꾸는 삶에 대한 이야기가 시작되길 바랐어요.

그런 고민을 하던 중 생각난 게 밀랍초였어요. 제가 제주에 왔을 때 도시 생활에 너무 지쳐 있었고, 공황 장애도 있었기 때문에 바깥 생활을 제대로 할 수 없었어요. 집안에 오래 머무는 제 앞에 룰루는 늘 밀랍초를 켜 줬어요. 초를 켜 두고 차를 마시고 이야기하면서 1년이 넘는 시간을 보냈어요. 그러다 보니 자연스레 밀랍초 작업을 하는 모습이 그려졌던 것 같아요. 그리고 밀랍초가 타서 온전히 사라지는 모습을 보면서, 저도 저런 모습으로 살고 싶다는 생각을 한 적이 있어요. 저를 회복하게 해 주고, 저와 오랜 시간 함께해 주고, 제가 닮고 싶기도 한 밀랍초를 개발해 보기로 했죠.

룰루 저는 제 예술에 대한 자긍심이 있고, 유일한 것을 만들고 싶은 욕심이 있어요. '새로운 세상의 빛을 만들어 내자. 그리고 유일한 우리의 것을 만들어 보자.'라고 생각했을 때 밀랍초가 떠올랐어요. 그리고 이제는 작가로서의 성취감을 저 혼자만의 성취가 아니라, 랄라와 함께 이루고 싶었죠. 그것을 실현하는 방식의 하나가 밀랍초였고 예술가인 저와 마케터였던 랄라가 함께하니 '랄라밀랍초'라는 브랜드로 세상에 나타나게 됐어요. 저 혼자였으면 아주 다른 모양이었을 거예요.

밀랍초라는 오브젝트를 정하고 나서, 제작과 판매는 어떻게 시작했나요?

랄라 처음에는 서귀포시 표선에 있던 저희가 살던 집에서 작업을 시작했어요(2022년 상반기). 그리고 판매는 온라인으로만 할 계획이었죠. 그래서 처음부터 별도의 작업 공간이나 판매 공간을 알아보지는 않았어요. 그런데 밀랍초 작업을 하다 보니 작업 공간이 따로 필요하더라고요.

룰루 밀랍초 작업을 할 때 온도, 타이밍, 습도가 중요한데, 시골에 살다 보면 많은 사람들이 드나들어요. 동네 어르신들이 시도 때도 없이 문을 열고 들어와서 귤을 주고 가시고, 지나가던 여행객들이 발길 닿는 대로 걷다가 마당까지 들어오기도 해요. 그러다 보니 밀랍초 작업을 온전하게 할 수가 없어서, 사람들이 쉽게 들어오지 못하는 곳을 찾으러 갔다가 지금의 공간(제주시 애월읍 소재)을 찾았어요.

랄라 판매는 온라인으로만 하려고 했는데, 저희가 전달하고자 하는 밀랍초의 빛이 주는 치유의 에너지를 온라인으로는 고스란히 전달할 수 없다는 생각이 들었어요. 그리고 그 무렵 제 개인의 명상과 치유를 위해 만들었던 초명 공간 '촉'에서 제가 느꼈던 치유 에너지를 다른 사람들과 나누고 싶다는 마음이 강하게 올라왔어요.

그래서 작업 공간으로 밀랍초를 직접 구매하러 오시는 분들에게 잠시 이 공간에 머물며 명상하고 마음을 들여다볼 수 있는 시간을 나누어 드리고자 초명 공간 '촉'에서 초명 체험을 시작하게 됐어요(2022년 하반기). '밀랍초를 직접 방문해서 사고 싶다.', '초명 공간이 보고 싶다.', '그곳에서 밀랍초를 경험해 보고 싶다.'는 분들이 생겨나자 온라인 판매에서 오프라인 판매로 확대되고 저희 작업 공간이 쇼룸이자 초명 공간으로 확장된 셈이죠.

대신, 원래 이 공간을 구한 의미를 지키고자 오프라인 판매와 초명 체험은 예약제로만 받고 있어요. 방문하는 분들께 절대 외부에 주소를 공유하지 말아 달라고 했는데, 지금까지 모든 분께서 예외 없이 그 약속을 지켜 주고 계세요.

현재 온오프라인으로 두 브랜드의 제품을 소개하고 판매 중이신데요, 온라인과 오프라인 중 어느 채널의 수익이 더 큰 비중을 차지하나요?

랄라 따지기가 애매해요. 왜냐하면 오프라인 공간을 열거나 사람들이 방문하는 시간이 정해져 있지 않아요. 그리고 저희는 초 만드는 작업이 밀려 있으면, 아예 예약을 받지 않아요. 그럼 당연히 오프라인 수익이 줄어들 수밖에 없어요. 한편, 온라인 주문이 별로 없을 때는 저희가 작업실에 나와서 작업하면서 일정 시간을 방문자들을 위해 공간을 열어 두니까 그럴 때는 오프라인 수익이 조금 더 생겨요. 두 채널은 서로 보완적인 역할을 하고, 저희의 컨디션이나 스케줄에 따라 비중에 변동이 있는 편이에요.

룰루 사람들이 주문을 더 많이 한다고 해서, 혹은 더 많이 방문하려고 한다고 해서 무리하여 초 만드는 작업을 하거나, 사람들 방문하는 시간을 더 길게 하는 식으로 수익을 극대화하지는 않아요.

초 작업은 결국 수작업이니 시간과 체력 소모가 클 것 같아요. 초 만드는 작업은 보통 언제, 얼마나 하나요? 규칙적으로 시간을 정해서 하나요, 혹은 주문을 받고 그에 맞춰서 하나요?

랄라 초 작업을 하는 데에 꼭 매일 몇 시간 언제 한다는 식으로 정해 둔 건 없어요. 초 작업을 많이 할 때는 하루에 10시간 이상씩 하는 때도 있지만, 왠지 손이 가지 않거나 컨디션이 좋지 않은 날엔 억지로 초를 만들지 않아요. 수작업으로 만드는 것이니까 그만큼 체력과 시간이 쓰이기 때문이기도 하고요.

그보다 더 중요한 건 저희 밀랍초는 저희 에너지를 고스란히 담아 만드는 것이기에, 밀랍초를 쓰는 사람에게 초를 만든 저희의 에너지가 전달될 거라고 생각해요. 그렇기에 좋은 에너지로 좋은 초를 만들기 위해 몸과 마음을 세심하게 살피고 아주 좋은 때에만 작업을 하려고 해요.

그러다 보니 들어온 주문량에 맞추어 정해진 시간 내에 제작하거나 판매량을 예상하고 미리 충분히 만들어 두기가 쉽지 않아요. 그래서 저희는 일상과 기분, 몸과 정신의 컨디션이 좋게 하는 데에 큰 노력을 기울이고, 에너지가 아주 좋을 때, 그게 바로 초를 만드는 최적의 조건이 되기에 그럴 때 몰입해서 만들어요.

무리하지 않아도 안정적인 수익이 충분하다는 의미로 이해해도 될까요?
랄라 저희는 현실적으로 지금 당장 얼마를 더 버는 것보다 지금의 저희 삶과 저희 둘의 사랑이 더 소중해요. 그래서 해야 하는 것보다 하고 싶은 것, 좋아하는 걸 먼저 해요. 그러려고 제주에 사는 것이기도 하니까요. 저희는 자주 이렇게 이야기해요. '우리가 하는 일에서 우리 사랑이 빠지면 아무것도 아니'라고요. 그걸 저희 둘은 너무 잘 알고 있고, 저희를 찾아 주시는 분들도 또렷이 느끼고 가세요.

오늘 아침에도 '우리가 계속 사랑하는 한 우리는 어떤 일을 해도 잘될 거고 앞으로도 이어져 나갈 것'이라는 이야기를 나눴어요. 무리하는 게 안정적인 수익으로 연결된다기보다, 무리하지 않고 서로 사랑하며 보내는 시간이 충분할 때 저희 삶이 안정적이고 그것이 안정적인 수익으로도 연결될 거라고 생각해요.

'우리가 하는 일에서 우리 사랑이 빠지면 아무것도 아니'라는 룰루와 랄라.

치유를 위해 쉬려고 제주에 왔으면 보름살이, 한달살이, 길게는 일년살이 하고 돌아갈 수도 있잖아요. 그런데 돌아가지 않고 여기에서 일을 찾게 된 계기가 있나요?

랄라 제주에서 지내는 기간이 길어지면서, 이왕이면 소일거리가 있으면 좋겠다고 생각했어요. 모아둔 돈을 고스란히 까먹으며 지내고 있었거든요. 제주에서 사람들은 도대체 뭘 해서 벌어먹고 사는지 궁금했어요. 저희 눈에는 일정한 시간에 정해진 곳으로 출근하는 사람보다 안 하는 사람이 많은 것 같은데, 그렇다고 모두 카페나 숙소를 하는 건 아닐 테니까요. 그 외에 어떤 직업, 어떤 일이 존재할까 하는 생각이 들었어요.

지금까지 해 오던 일을 멈추고, 게다가 삶의 터전을 바꾸고 '앞으로 무슨 일을 하며 살아갈까?'라고 생각할 때 누구나 원래 해 오던 것에서 출발하기가 쉽죠. 그게 익숙하기도 하고 잘할 수 있는 것이기도 하니까요. 그런데 랄라 님은 제주에서 아예 새로운 일을 찾은 셈이에요. 해 오던 일이 아닌 새로운 일을 찾는 랄라 님만의 방식이 있나요?

랄라 서울에서 회사에 다니거나 혹은 제 회사를 차려서 마케팅이나 기획 일을 하는 동안에도 저는 즐거웠어요. 회사를 관뒀지만 하던 일이 너무 싫어 죽겠던 건 아니었어요. 하지만 늘 목마름이 있었어요. 처음부터 제 손으로 하는 일이 아니었고, 누군가가 만들어 둔 것을 잘 포장하고 효과적으로 알리는 일이었으니까요. 저의 것을 만들고 싶었어요. 당시엔 그게 무엇인지는 전혀 알 수 없었지만요.

무엇을 하며 제주에서 살지 고민했을 때 저도 처음에는 그간 해 왔던 일의 범주에서만 자꾸 생각이 맴돌았어요. 다른 것을 해 보고 싶은 게 분명한데 결국 여기에서도 내가 살아온 틀 안에서 맴돌게 되는 건가 싶었죠.

그러던 중, 머물던 게스트하우스의 빈 공간에서 팝업 바를 열었어요. 이유는 딱 하나였어요. '나랑 다른 범주에서 다른 방식으로 살아가는 사람 100명을 만나 이야기를 나눠 보자. 그러면 나도 내가 해 보지 못한 것, 알아채지 못한 것을 발견하게 될 거야.'라는 생각이었어요. 저는 그때 대학 가기 전 진로를 정하는 학생의 자세로 돌아갔어요. 제가 배우고 해 온 것에서 떠나 진짜 제가 하고 싶은 게 뭔지 고민해 본 거죠.

그래서 새로운 일을 찾고 싶은 분들이 제게 고민을 털어놓으면 전 늘 이렇게 말해요. 열심히 놀아보라고요. 그리고 지금까지의 나라면 해 보지 않을 것을 해 보라고요.

원래의 본인이라면 해 보지 않을 것 중, 어떤 걸 해 봤나요?

랄라 회사 다닐 때나 사업할 때, 매시간 단위로 하루 일정이 빼곡하게 계획되어 있었어요. 저는 계획 없이 살아 보지 않았어요. 그래서 '무계획으로 사는 것'을 해 봤죠. 밀랍초를 개발할 때, 소요 기간, 예산, 목표일, 손익분기점을 넘기 위해 필요한 고객 수나 주문 수량 등을 계산하거나 계획하지 않았어요. 원래의 저라면 절대 그럴 수 없죠.

그리고 게스트하우스에 머무는 동안 원래의 저라면 안 할 것들을 많이 해 봤는데요. 예를 들어 동쪽에 있는 게스트하우스에 열흘이나 예약을 해 둔 사람들이 어느 날 갑자기 서쪽으로 놀러 간다고 해요.

저는 속으로 '도저히 이해가 안 가네. 동쪽에 와 놓고 굳이 서쪽을 가?'라고 생각했어요. 하지만 저라면 절대 안 할 것을 하는 중이었기 때문에 그냥 따라가 봤어요.

다시 말해 '내가 저길 왜 가?', '내가 저걸 왜 해?'라고 생각하는 걸 그냥 해 보는 거예요. 막상 해 보니 그렇게 위험한 것도, 절대 못 할 것도 아니더라고요. 오히려 좋았던 적이 훨씬 많아요. 사소해 보이지만 여러 가지로 제 틀을 넘어 보려는 시도를 많이 했어요.

익숙하고 안전하다고 여겨지는 선택 대신 새로운 것을 선택할 때, 마냥 즐거울 수만은 없을 것 같은데요.

랄라 저희는 기본적으로 긍정적인 편이라 그런 선택을 할 때 엄청난 불안을 느끼지는 않는 편이에요. 사실 저희가 해 온 건 '맨땅에 헤딩하기'에 가까워요. 맨땅에 헤딩하면서도 저희는 즐겁게 웃으며 할 수 있어요.

그래서 저희 이야기가 다른 분들에게 너무 아름답고 재미나게만 보일까 봐 걱정될 때가 있어요. '자유롭게 살다가 새로운 일도 찾고 시작하자마자 잘 된 것'으로 요약해 보면 실제로 비슷한 과정에 있는 분들은 견디기 어려울 수 있어요. 어떤 분들에겐 '맨땅에 헤딩하기'가 매번 좌절로 느껴질 수도 있잖아요. 그러면 그건 오히려 독이 될 테니까요.

새로운 일을 하며 제주에서 살겠다고 했을 때 주위 반응은 어땠나요? 그리고 스스로도 불안하지 않았어요?

랄라 부모님, 친구들, 저를 아는 모든 사람 머릿속에 물음표가 떴다는 걸 분명히 느꼈어요. 그러니 당연히 응원의 소리도 듣지 못했고요. 심지어 부모님은 너무 싫어했어요. 하지만 저희는 분명히 잘될 거라는 엄청난 확신이 있었어요. 밀랍초를 연구하는 동안 수입이 없었기에 필요할 때 편의점이나 카페에서 아르바이트하면서 지냈어요. 벌어 놓은 돈 까먹는 건 당연하고요.

하지만, 그런 시기가 지나서 밀랍초가 세상에 나오면 잘될 거라는 확신이 있어서 저희는 불안하지 않았어요. 그 모든 과정이 진짜 편하고 즐거웠거든요. 그 과정에서 저희는 몰입되어 즐겼고, 제가 밀랍초를 통해 많은 치유가 됐기 때문에 이게 세상에 나오면 다른 사람들도 저와 같은 경험을 분명히 할 거라고 확신했어요. '무조건 이걸 사람들이 좋아할 거야!' 하는 생각에 쌓여 불안할 틈이 없었어요.

'랄라밀랍초'의 밀랍초가 나오기까지 얼마나 걸렸나요?

랄라 밀랍초를 저희가 원하는 모습으로 만들어 내기까지 1년 반 정도가 걸렸어요. 밀랍초를 만들기 전에는 쉽게 생각했어요. 기본적으로 초라는 게, 심지를 넣고 재료를 녹여서 굳히는 것이니까 밀랍초도 쉬울 거라고 생각한 거죠. 그래서 처음에는 밀랍초 디자인*을 어떻게 구현할지만 고민했어요.

---

*'랄라밀랍초'의 디자인 초는 제주의 자연에서 얻은 영감으로 랄라와 룰루가 직접 만들고 있으며 길, 나무, 별, 시간, 빛 등의 이름을 가진 초들이 있다. 또한 제주 화산섬의 특징을 반영해 화산석의 재질과 색으로 디자인한 현무암 시리즈 초도 새롭게 선보이고 있다.

문제는, 좋은 밀랍을 구해서 일반 초 만들듯이 해 봤는데 초가 아예 타지를 않는 거예요. 머리가 하얘졌어요. 그때부터 밀랍을 연구하는 시간이 오래 걸렸어요. 하지만 그런 시간이 있었기에 저희는 지금 '밀랍에 대해서 우리보다 더 잘 아는 사람이 있을까?' 하는 생각이 들 정도가 되었죠. 새로운 일이지만, 게다가 생각지도 못한 문제에 곧바로 부딪혔지만 연구하고 시도해 보고 고쳐서 다시 해 보는 과정에서 저희가 하는 새로운 일에 대해서 더 많이 알게 된 것 같아요.

밀랍초가 완성되어 나오자마자 사람들의 반응은 어땠나요? 기대했던 대로 사람들이 좋아했나요?

랄라 그럴 리가요. 사람들이 '랄라밀랍초' 자체를 알지 못하니까요. 우리만 신났었죠. 원래의 저였다면 오픈식을 준비하고 초기 홍보 마케팅을 열심히 했을 텐데 1년 반 동안 거의 집안에 갇혀서 세상과 단절한 채 초만 만들었기 때문에, 저희가 밖으로 나왔을 때 입으로 말이 잘 안 나오는 거예요. 홍보를 하지 않으니, 사람들은 이게 있는지 없는지 알 리 없고, 저희끼리만 즐거웠어요.

처음에는 그렇지 않았지만, 이제는(2025년) 밀랍초 판매와 초명 체험 상품 운영만으로 생활이 가능할 정도로 자리를 잡았습니다. 사람들이 어떻게 '랄라밀랍초'를 알고 찾아오게 되었나요?

랄라 저희는 돈을 못 벌고 있었지만, 여전히 즐겁고 행복하게 지내고 있었어요. 그런 일상의 즐거움과 행복을 SNS에 올렸어요. 그걸 본 사람들이 자연스레 '랄라밀랍초'를 찾아 주고, 이곳을 방문하기 시작했어요. 처음에 초명 공간 '촉'을 보러 오겠다는 분이 생겼을 때 너무 긴장됐어요. '저분은 여기에 와서 우리가 느낀 것들을 고스란히 느낄까?'라는 호기심과, '리뷰도 하나 없는 이곳에, 게다가 우리에 대해 아는 것도 없는 분이 와 보고 우리에게 어떤 말을 할까?'라는 걱정도 됐죠.

룰루 그런데 첫 방문자의 반응은 저희가 밀랍초를 통해 느꼈던 것과 똑같았어요. 초가 아름답다는 것을 처음 알았고, 여기서 치유 받는 느낌이라고 하셨을 때, '역시 우리 생각이 맞았구나. 사람들도 우리와 똑같은 것을 느끼는구나!' 했던 순간이 지금도 잊히지 않아요. 그러고 나서 한 번 오신 분들이 주위에 소개도 하고, 지인을 데려오기도 했어요. 그러다가 언젠가부터 SNS로 서로 '좋아요'만 보내던 사람들이 오기 시작했죠. 때론 누구나 알만한 연예인도 혼자서 찾아왔다가 조용히 경험하고 가기도 하고요. 그렇게 이어졌어요.

그러다가 공중파 방송국 예능 프로그램 촬영팀도 이곳에 왔죠?[*]

랄라 방송 작가에게 전화를 받았을 때 저희는 이렇게 생각했어요. '이제 사기 수법이 이렇게까지 진화했네. 도대체 우리한테 뭘 뜯어가려고 이러는 걸까?' 그런데 진짜 방송팀이었어요. 방송에 나온 후, 확실히 대중적으로 많이 알려지게 됐어요.

---

[*] MBC 예능 프로그램 '전지적 참견 시점' 방송(23년 2월 11일, 234화)에 출연진들이 초명 공간 '촉'을 방문하고 초명 체험하는 모습이 담겼다.

방송 출연 외에 이어진 성과에는 또 어떤 것들이 있나요?

룰루 저희는 단순히 공예품으로서 초를 제작하는 게 아니라, 빛을 만들고 있다고 이야기해요. 그 빛을 통해서 자연과 인간의 공존을 이야기하고 사람들을 치유하게 하는 작업을 더 활발히 하게 됐어요.

랄라 2022년에 탐라국제아트페어에 초청받아서 밀랍초와 룰루의 회화 드로잉을 전시, 판매하게 되었고요, 2023년에 제주시 탑동에 있는 디앤디파트먼트 공간에서 팝업 전시를 하며 좀 더 알려지게 됐어요. 2024년 하반기에는 한국관광공사에서 운영하는 '하이커그라운드 K-LOCAL 상설 전시'(서울)에 제주를 대표하는 브랜드 중 하나로 꼽혀서 저희 밀랍초가 전시되었어요. 또한 2024년 말에 룰루는 제주에서의 첫 개인전 'Tech Flower'도 열었습니다. 이 전시도 자연과 인간의 공존, 환경에 관한 이야기를 담았어요.

제주에 오기 전에도 자연이나 환경 문제에 관심이 많았나요?

랄라 제주 오기 전에 맥주 축제를 기획, 운영한 적이 있어요. 축제할 때 행사장에서 버려져 나간 플라스틱 컵이 1톤 트럭으로 몇 대나 됐어요. 축제는 성공적이었지만, 저는 그것을 볼 때마다 '나는 나중에 플라스틱 컵 지옥에 떨어질 거야.'라고 생각할 정도로 죄책감이 컸어요. '환경을 보호하는 데 앞장서는 사람이 되겠어!'라고 결심한 건 아니지만 그때의 죄책감이 진하게 남아 있어서 생활 속에서 할 수 있는 가능한 선에서 환경을 덜 해치기 위해 노력했어요. 일상생활에서 분리배출 잘하기, 텀블러 쓰기 정도요. 부채감을 늘 가지고 있어서 언젠가 기회가 되면 무언가를 더 해야겠다고 생각했어요.

제주에서 자유롭게 살아가는 아티스트 커플의 일과가 궁금합니다.

랄라 아침에 7시쯤 일어나 밀랍초를 켜고 아침 명상을 해요. 명상 후에 음악을 틀어 놓고 주스 한 잔 마시면서 점심 준비를 하고요. 점심을 먹고 나면 둘이 함께 작업실로 가서 초를 만들거나, 밖으로 나가 돌아다니며 놀아요. 저녁 시간에 작업실의 초명 체험 예약 손님이 있으면 그것을 준비하고요, 그리고 집에서 저녁을 먹고 자기 전에 또 명상해요. 변하지 않는 루틴은 아침과 저녁 명상, 그리고 집밥 먹기예요. 밖에서 친구들을 만나지 않는 한 저희 둘이 외식하는 일은 거의 없어요. 그리고 주말에는 플리 마켓이나 농민 장터에 나가요.

플리 마켓이나 농민 장터 등에 참여하면 제품 홍보나 판매에 많은 도움이 되나요?

랄라 제품 판매나 홍보가 되기는 하지만 수익만 보고 나가면 실망하는 날이 더 많을 거예요. 사람이 엄청나게 모이는 서울이나 도심과는 다른 모양이거든요. 그럼에도, 저희가 그런 행사에 참여하는 이유가 있어요. 저희는 기본적으로 '누가 우리에게 무언가를 요청하면 거절하지 않는다.'의 자세로 살아요. 그러다 보니 참여해 달라고 연락이 오면 다른 것과 겹치지 않는 이상 거의 다 나가요.

저희를 초대해 주신 것에 대한 고마움과 지향점이 비슷한 이웃 또는 커뮤니티와의 연계가 중요하다는 생각 때문이에요. 그리고 제주에 살아도 사는 동네 외에 다른 동네를 가 볼 기회는 많지 않거든요. 플리 마켓, 농민 장터가 열리는 곳에 가면서 '이 일이 아니면 못 가 볼 동네에 놀러 간다.'는 생각으로 즐겁게 참여하고 있어요.

하루 중 가장 행복한 시간은 언제인가요?

랄라 자기 전에 하는 명상 시간이요. 아침 명상도 좋긴 한데 하루에 할 일들이 주마등처럼 펼쳐지기 때문에 조급함이 생기기도 하거든요. 하지만 저녁 명상 시간은 하루의 끝이기도 하고, 원하는 만큼 시간을 가질 수 있기에 가장 편안해요.

제주에서 두 분의 삶, 행복하고 재미있게 느껴져요. 도시에서의 삶과 무엇이 다른가요?

룰루 제주에서의 삶, 너무 행복해요. 자본이 모든 것인 세상에서 벗어나 더 멋있는 세상에서 살아 보고 싶었어요. 사실 도시에선 돈으로 모든 게 해결돼요. 하지만 여기에서는 돈을 벌기 위해 다른 걸 희생하기보다, 적은 돈으로도 더 아름답고 행복하게 살 수 있지 않을까 생각했어요. 실제로 해 보니 만족도가 정말 높아요. 지금 하는 일이, 사업적으로 되게 하려고 이슈나 트렌드에 맞춰서 짜깁기하듯 시작한 게 아니거든요. 우리가 정말 원하는 게 뭔지를 찾아서 만든 거예요. 그러니 우리가 하는 일과 삶 사이에 불협화음이 없어요.

한편, 제주의 삶에서 아쉽거나 힘든 부분은 없나요?

랄라 음…, 정말 골똘히 생각해 봤거든요? 없는 것 같아요.

힘든 부분은 없지만, 고민은 있죠?

랄라 지난 3년간은 저를 치유하는 게 너무 중요했기에 저 자신에게 많이 집중되어 있었지만, 이제는 그러지 않아도 될 만큼 괜찮아졌어요. 그러다 보니 이제 이걸 어떻게 돌려줄 수 있을지 고민해요. 그래서 초명 공간 '촉'을 초명과 명상하고 싶은 사람들에게 열어 두는 것이기도 하고요.

구체적으로 무엇을, 누구에게 돌려주고 싶은 마음일까요?

랄라 이런 직업과 삶을 가능하게 해 준 제주에 고맙고, 여기까지 저희가 버티면서 올 수 있게 지원해 준 저희 작품을 구매하거나 저희 활동에 응원을 보내 주신 분들, SNS에 '좋아요' 해 주시고 공유해 주신 모든 분에게 고마워요. 그들이 있었기에 지난 3년간 돈벌이에만 너무 매진하지 않고 치유하면서 즐거운 작업을 이어 올 수 있었어요. 그래서 저희 제품을 알아봐 주고 사용해 주시는 고객분들에게 어떻게 더 돌려줄 수 있을지 요즘 가장 많이 생각하고 있어요.

판매자와 소비자의 관계가 늘 좋기만 한 건 아니잖아요.

랄라 판매자와 소비자는 을과 갑의 관계로 설정되는 게 일반적인데, 저희는 소비자와 그렇게 관계를 맺지 않아요. 저희가 물건을 만들고 판매하면서도 자유롭게 지낼 수 있는 건, 고객과 저희의 관계가 갑을 관계가 아니기에 가능해요. 저희는 좋은 작품을 만들고, 고객은 그걸 사고 즐기는 관계니 서로 동등하죠.

저희가 전시 준비한다고, 비자림로 피켓 시위 가느라고* 초를 많

---

* 랄라와 룰루는 브랜드 운영 외에도, 제주에서 비자림로 확장 공사에 반대하는 등 환경을 해치는 개발에 반대하는 활동에도 참여한다.

이 못 만들어서 배송이 지연되어도 저희 고객들은 "전시 준비 잘하세요, 더 즐겁게 하세요."라고 하며 기다려 줘요. 왜냐하면 저희가 좋아하는 일을 하고 행복한 마음으로 집중해 만든 초, 저희의 삶이 녹아든 초를 좋아하기 때문이에요. 그게 밀랍초 중에서도 저희 '랄라밀랍초'를 찾는 고객의 기본적인 마음입니다. 장사를 하면서도 자유로워지고 싶다면, 고객과의 관계 설정이 중요해요.

초명 공간 '촉'에서 사람들을 만날 때 어떤 상호 작용이 일어나나요?

랄라 초명 공간 '촉'을 운영하면서, 가장 많이 들은 말은 "고맙다."예요. '촉'에 방문해서 쉬거나 명상하는 순간에 많은 분들이 눈물을 흘리기도 하시는데 그런 시간을 여기에서 가질 수 있게 해 줘서 고맙다는 이야기를 많이들 하세요. 처음 만난 사람이 저희에게 선뜻 본인의 고민을 털어놓기도 하고요.

저희는 그걸 보면서 요즘, 사람들이 해소해야 할 많은 것들을 그저 담아 두고 살고 있는 게 아닌가 하는 생각을 했어요. 그래서 초명 공간에서 자신의 감정을 더 편안하게 꺼내어 만나고 위로 받고 가는 게 많은 사람들에게 필요하다는 생각이 들었어요.

저희가 숨어 작업하려고 했던 작업실 공간을 더 많은 사람들이 이용하는 초명 공간이 되도록 쓰임을 확장한 건 정말로 잘한 일이에요. 그리고 이곳에서 만나는 사람들의 반응은 저희가 하는 일에 큰 동력이 돼요. 그래서 저희도 가장 많이 드리는 말씀이 "고맙습니다."예요.

만약 제주로 오지 않았다면, 지금은 어디에서 살고 있을 것 같아요?

랄라 제주 아닌 다른 곳에서 떠돌다가 어딘가 마음이 끌리는 곳에 정착하지 않았을까요? 분명한 건 다시 서울로 돌아가진 않았을 것 같다는 거예요. 지금도, 원래 살았던 도시로 돌아가겠다는 계획이나 그러고 싶은 마음이 전혀 없어요.

이렇게 많은 이야기를 해도, 많은 분들이 직접적으로 물어보고 싶을 것 같아요. "그래서 지속적인 생계가 되는 것이냐?"라고요.

랄라 저희 경우에는 이제 밀랍초로 먹고살 수 있을 만큼이 됐어요. 오프라인 상점을 가지고 장사하는 분들은 다들 공감하실 텐데, 제주에서 한다고 돈이 덜 들거나 덜 나가는 게 아니에요. 요즘, 아무것도 안 하고 숨만 쉬어도 몇 백 들잖아요. 장사를 하면 재료비, 공간 임대료, 공과금 등이 추가로 꾸준히 나가요. 그래서 주위의 많은 분들이 실제로 투잡, 쓰리잡 하고 있어요. 다른 업장에 가서 아르바이트하거나, 주기적으로 다른 일을 하기 힘들다면 간헐적으로 나오는 건설 현장 일이나, 숙소 청소하는 일을 많이들 해요.

저희도 언제든 돈이 더 필요하면, 할 수 있는 일들을 찾아서 할 거예요. 그래도 괜찮다고 생각해요. 생계에 도움이 되는 다른 일을 한다고 해서 초라하거나 부끄럽다고 느끼지 않으니까요. '한 달에 얼마 이상, 이런 직업과 이런 일을 통해 받아야 한다.'라는 식의 돈 버는 방법에 대한 틀이나 경계가 없어요.

룰루 1년 반 동안 초 연구만 할 때, 저도 편의점에서 일하면서 생활비를 보충했어요. 필요하면 언제든지 누구나 할 수 있는 일이고, 남에게 손 벌리는 일도 아니니 전혀 부끄러운 일이 아니죠. 꼭 내 일이라고 해서 이것만 할 거라는 생각보다는 필요하면 부업이나 아르바이트도 한다는 열린 마음을 가지면 지속성에 대한 고민은 덜어지죠.

부부가 함께 삶과 일을 모두 같이 하고 있는 셈인데요, 그러다 보니 겪는 갈등은 없나요?

랄라 초반에는 제가 룰루에게 짜증 나는 포인트가 있었어요. 멋진 걸 만들었으면 주위에 소개도 하고, 아는 예술가들에게 알리기도 하면 좋을 것 같은데 그런 것을 전혀 하지 않더라고요. 룰루는 아예 할 생각 자체가 없었어요. 누가 작품을 보고 좋다고 해도 별 반응이 없고요. 그게 참 답답했어요.

그리고 초 작업을 다 했으면 남는 시간에 초를 더 돋보이게 하기 위한, 혹은 초명 공간에 예약자를 오게 할 만한 노력을 하면 좋겠는데, 어디서 나무를 주워 와서 깎고 있고… 자기가 해 보고 싶은 걸 속 편하게 하더라고요. 처음에는 그게 이기적으로 느껴졌어요. 그런데 이제는, 제가 룰루에게 배우고 설득이 되었어요.

룰루 그게 제가 밤에 머리만 대면 잠에 바로 빠져드는 이유이기도 한데요. 랄라는 처음에 저를 답답하게 여겼어요. 제가 기본적으로 돈벌이에 대해서 큰 관심과 욕심이 없이 살아온 것도 맞지만, 사실 그것보다는 저는 제가 하는 일에 오늘의 최선을 다하면 됐다고 생각하는 편인 거죠. 오늘 주어진 내가 할 수 있는 일에 최선을 다하고, 푹 자고 나서 내일 또 그 하루에 주어진 일을 열심히 합니다. 그런 하루하루가 다가올 미래이자 계획이고, 우리의 꿈이 될 거라고 확신하니까 저는 오늘 하루를 정말 충실하게 살고자 하는 거예요.

그리고 오늘 주어진 것에 최선을 다하며 모든 에너지를 쏟은 후에도 여유 시간이 있다면 제가 해 보고 싶었던 것을 바로 하죠. 그게 또 제가 좋아하고 하고 싶은 거니까 밀랍초 다음의 오브젝트가 될 수도 있고 우리의 삶에 중요한 부분이 될 수도 있잖아요. 이젠 랄라도 공감해 줘요.

두 분이 가고자 하는 방향, 혹은 목표는 무엇인가요?

랄라 '조금 덜 일하고 더 자유롭게 사는 것'이요. 자유라고 하면 많은 분들이 돈벌이로부터의 해방을 생각하는 것 같은데 그런 의미는 아니고요. 예를 들어, 저희는 밀랍초에 대해서 단순한 초가 아니라 빛을 빚는 행위이고 예술 작품이라고 설명하는 데요, 이에 공감 못 하는 분들에게 이것을 이해해 달라고 하거나 알아 달라고 노력하지 않아요. 그렇게 억지로 맞춰 가기 위해 노력하는 게 일이라면 일이겠죠, 덜 하고 싶은 일.

룰루 그런데 그런 생각을 하다 보니 한국에서 초는 공예품에서도 아주 낮은 단계에 자리 잡고 있고, 저희의 삶과 생각이 담긴 예술로 인정받기가 너무 어려워요. 공예품으로도 예술로서도 굉장히 어려운 위치에 있다는 걸 느끼고 있어요. 그건 우리나라 사람들이 초를 제대로 경험하며 사는 라이프스타일이 아니었기 때문일 거예요. 그래서 초를 더 잘 알아주는, 일상에서 가깝게 느끼고 그 아름다움을 아는 유럽으로 저희 밀랍초를 알리고 싶은 목표가 있어요.

랄라 또한 저희는 태국을 너무 좋아해서 한 해에 몇 달은 태국에 가서 지내고 싶어요. 밀랍초 판매에는 성수기, 비수기가 뚜렷해요. 겨울은 극성수기이고, 가을과 봄은 성수기, 여름은 비수기죠. 비수기에도 무조건 초를 만들고 공간을 열어 두면서 버티는 건 저희의 자유로운 삶에 맞지 않아요. 물론 하나라도 더 팔 수는 있겠죠. 그런데 '조금 덜 일하고 더 자유롭게 사는 것'의 방향에는 맞지 않아요.

그래서 저희는 그럴 때 문을 닫고 떠나서 쉬고, 실컷 놀면서 창작할 에너지를 채워요. 그러다가 '랄라몽' 브랜드도 열게 된 거예요. 태국에서 놀다가 비수기를 넘기는 방법으로 사계절이 여름인 태국의 옷을 제주의 여름에 팔 수 있게 된 거죠. 여러모로 우리가 하는 일을 계속 고민해요.

자유롭기 위해서 돈이 많이 필요하다고 생각하는 건 자유를 돈으로 치환하는 사고 방식인 것 같은데, 저희는 자유를 놓고 새로운 것을 발견하고 창작하는 시간으로 치환해요. '자유로워지려면 돈이 있어야 한다.'와 '자유로워지려면 내 시간을 확보해야 한다.'의 관점에서 하는 선택은 완전히 다른 것 같아요.

'랄라밀랍초'의 시작부터 지금까지 잘 흘러온 것 같아요. '브랜드를 어디까지 키우겠어, 매출 목표를 얼마까지 하겠어!' 하는 방식은 아니었던 것 같은데요. 이 모든 것이 저절로 흘러온 것인가요?

랄라 저희의 기본적인 마음은 주어진 것을 열심히 하고 흘러가는 대로 살아가는 거예요. 하지만 그때그때 선택의 순간에서 굉장히 영민하고 치밀하게 생각해서 선택하고 있어요.

그래서 그 말이 반은 맞고 반은 틀렸어요. 치밀하다고 해서 월간 계획표를 쓰고 목표와 할 일을 나누는 방식은 아니고, 어떤 선택을 할 때 직관적이되 굉장히 치열하게 고민하고, 우리가 가고자 하는 방향에 맞는 방식으로 선택하려고 한다는 의미예요.

더 자유롭게, 덜 일하면서, 우리가 하고자 하는 말을 더 잘 알아듣는 사람한테 하고 싶은 마음 안에서, 거기에 도움이 될 것 같은 일들은 그때그때 누구보다도 더 영민하게 생각해서 면밀하게 결정하고, 민첩하게 움직여요. 그랬기에 지금 밀랍초 하나로 먹고살 수 있게 된 거 같기도 해요.

저희가 초 작업하고 팔다가, 거기에 저희가 즐겨 입고 좋아하던 태국의 옷과 액세서리를 팔게 되고, 앞으로는 초와 명상 음악을 결합한 명상 키트도 나오게 될 텐데요. 이렇게 하는 일을 다각도로 계속 고민하는 것도 필요한 것 같아요.

그럼, 최근에 한 치밀한 선택이 무엇인지 궁금합니다. 앞으로의 계획이기도 하겠어요.

랄라 해외 바이어들도 관심을 가지는, '홈테이블데코페어'에 참여하기로 한 거예요(24년 12월에 참여). 한국에 한정하지 말고, 초에 대한 이해도가 높고 초를 사랑하는 사람들이 많은 유럽 시장으로 눈을 키워 보기로 방향을 잡았기 때문에 참가 비용이 커서 당장 부담이 되더라도 참여하기로 했어요. 그리고 이 선택 이후에 어떤 일이 연결될지는 그때 가 보면 알겠죠. 조금 덜 일하고 더 자유롭게 살려면 굉장히 영민하게 판단하고 행동해야 해요. 더 적게 일하고 더 많이 논다는 걸 느슨한 마음으로 생각하면 그렇게 되기는 힘들 거라고 봐요.

룰루 '그다음엔 뭘 하면 될까?' 하는 고민은 사실 크게 하지 않아요. 우리 삶과 우리의 일이 일치하니까요. 그다음은 우리가 재미있어 하는 것으로 얼마든지 변형이 가능하죠. 우리의 취향, 생활 방식에 맞게 일을 하고 사니 만족도가 굉장히 높아요. 부자연스러운 게 없고요, 매시간 매 순간을 행복하게 살고 싶은데 지금도 이곳에서 그렇게 살고 있으니, 그다음도 당연히 그럴 거라고 생각해요.

요즘 조직이나 회사를 벗어나거나 혹은 사이드로 '내 일을 찾아서 하는 것'에 대한 열망이 아주 큰 것 같아요. 먼저 하고 있는 사람으로서 그런 고민을 하는 분들에게 어떤 말을 해 주고 싶어요?

랄라 기존에 없는 나만의 것을 하고 싶다면 100퍼센트 본인 안에서 나와야 한다고 생각해요. 물론 다른 생각이나 방식을 가진 분도 있겠지만, 경험을 통해 저희는 그래야 한다고 확신해요. '나'라는 사람 자체가 고유하므로 본인 안에서 출발하면 그 자체로 고유한 것이 나올 수밖에 없지 않을까요? 그리고 그걸 알릴 방법도 요즘엔 너무 다양해요. 그 수단이 글이든 영상이든, 자신에게 맞는 방식으로 자신의 이야기를 풀어낼 수 있는 커뮤니케이션 능력도 꼭 키워야 하는 것 중의 하나라고 보태고 싶어요.

룰루 잘 나가는 브랜드 성공 사례 같은 것을 먼저 보거나, 정보 수집해서 짜깁기하지 말고 본인에게 시간을 쏟고 자신을 아는 것, 자신이 좋아하고 원하는 것을 알아내면 분명히 그것을 좋아해 주는 사람들이 있을 거예요.

우리가 만드는 것에 우리가 살아가는 방식이
고스란히 담기고, 그것으로
우리가 꿈꾸는 삶에 대한 이야기가
시작되길 바랐어요.

주주스튜디오

전현주

'나를 밖으로 내보내'며 시작된 연결과 확장

따뜻하고 섬세하며 귀여운 감성의 일러스트에 반려묘 현식이와 다미가 자주 등장하는 '주주스튜디오'의 디자인 문구와 소품은 아트 디렉터 전현주의 삶이며 일이자, 아트 작업의 결과물이다.

'주주스튜디오' 전현주 대표는 디자이너로서 서울에서 다양한 업계의 회사에서 디자인을 해 왔고, 직장을 떠난 후 브랜드 '주주스튜디오'를 만들고 스스로 일을 벌여 왔다. 남편의 이직으로 제주로 이주해 작업을 이어 오던 중, '집 밖 개인 작업실'을 구하러 나갔다가 지금의 매장을 오픈했다. 그래서 제주에서는 '주주 사장님'으로 친근하게 불린다. 아침과 낮에는 매장에서 상품 개발과 판매, 드로잉 수업을 진행하고, 매장이 문을 닫은 밤에는 크고 작은 브랜드들과 협업하는 작업을 이어 간다.

하는 일을 중심으로 본인 소개해 주세요.

저는 일러스트레이터이자 아트 디렉터 전현주입니다. 디자인스튜디오 '주주스튜디오(JOOJOO STUDIO)' 대표이고, 제주에서 같은 이름의 아트스튜디오(이하 '매장')를 운영하고 있어요. 제 일러스트에 기반한 문구류와 리빙 소품을 개발해 판매합니다. '주주스튜디오'의 상품은 전적으로, 제가 마음에 드는 물건을 사용하고 싶어서 직접 만든 제품으로 이루어져 있어요. 저만의 스타일을 보여 주는 하나의 포트폴리오인 셈이에요.

또한 공공 디자인, 로고, 출판물, 브랜드 디자인 등 다양한 외주 작업과 협업도 병행하고 있어요. 하는 일의 범위가 확장되고 있어서 과거나 현재의 모습에 한정하지 않고, 창작 활동이 다양한 상품과 문화로 연결되도록 디렉팅하는 아트 디렉터로 저를 소개하고 싶어요.

현재 제주에 거주 중이고, '주주스튜디오'의 매장도 제주에 있어요. 제주에 오기 전에 어디에서 무슨 일을 했나요?

대학에서 시각 디자인을 전공했어요. 졸업 후 잡지사, 글로벌 뷰티 브랜드 기업, 식품 기업 등에서 약 10년간 디자이너로서 직장 생활을 했어요. 다양한 업계에서 디자이너로 지냈는데, 그중 가장 오래 다닌 곳이 글로벌 뷰티 브랜드 기업이었어요. 일이 참 재미있었고, 많은 것을 배웠지만 그만큼 힘들기도 했어요. 스물여덟 살에 팀장이 되었는데, 보람이 큰 만큼 빨리 지쳤던 것 같아요. 그래서 회사를 관두고 1년간 영국에서 공부하며 쉬었어요. 돌아와서 재취업을 했죠.

회사에 소속되어서 하는 디자이너로서의 일은, 마음에 들지 않는 일도 해 내야 했고, 디자인적인 완성도를 조금 양보해서라도 다른 요구를 맞추어야 하는 작업이 많았어요. 마지막 회사에서 약 1년간의 직장 생활을 하고 관뒀어요. 그리고 회사 밖으로 나왔어요. 곧바로 '주주스튜디오'라는 브랜드명을 짓고 사업자 등록을 했죠(2018년).

직장 생활을 그만두기 전 어떤 준비를 했나요?

대학에서 디자인을 전공했고, 직업인으로서 디자이너였기에, 저는 한 번도 제 직업을 바꿀 거라고는 생각하지 않았어요. '나는 디자이너고, 디자인을 계속할 거야.'라는 마음이었지만, 마음 한편에 일러스트 그림 작업에 대한 목마름이 늘 있었어요. 그래서 직장을 관두기 1년 전부터 일러스트 그림을 그리기 시작했어요. 제가 그린 그림을 블로그에 올렸고요. 일러스트 그림 작업을 하는 작가로서의 준비를 조금씩 해 왔어요.

회사 밖에 홀로 섰을 때, 일은 어떻게 시작됐나요?

당시에 필름 카메라로 사진 찍는 것에 푹 빠져서 하루에 한 롤씩 찍었어요. 결과물을 블로그에 올리곤 했는데, 늘 댓글을 달아 주던 분이 있었어요. 사진 외에도 제 일러스트 그림을 한두 점씩 올리기 시작했을 때 그 분에게서 연락이 왔어요. 알고 보니 광고 대행사 기획자셨는데, 신문 광고 일러스트를 의뢰하고 싶다고요. 그 일이 제가 회사 밖에서 하게 된 첫 번째 일이었어요. 운 좋게도 그 광고주는 '삼성'이었죠. 삼성 지면 광고에 제 일러스트 그림이 실리게 됐어요.

첫 출발이 이 정도면 '대박' 아닌가요? 그 후로 일이 쉽게 풀렸나요?

그렇지 않았어요. 첫 단추를 좀 세게 낀 편인 건 맞는데, 그렇다고 해서 계속 일이 잘 풀리지는 않았죠. 1년 정도 스스로 포트폴리오를 정리하고 알리는 시간이 필요했어요. 하지만 일러스트 그림 창작 의뢰보다는 주로 고객의 필요에 맞춰서 해야 하는 디자인 의뢰였어요. 로고, 책자, 브로슈어 디자인 같은 것들이요. 일러스트레이터로 자리 잡기까지는 시간이 좀 걸렸어요.

그러던 중 제주로 이주(2020년 6월)는 어떻게 하게 된 거예요?

제가 회사 밖에서 일을 시작하던 때에 지금의 남편을 만났어요. 그러던 중 남편이 제주로 이직하게 됐는데, 남편의 커리어에서 꼭 필요한 이직이었어요. 준비하는 과정을 옆에서 지켜보았기에 이직 결정이 났을 때 저는 자연스럽게 따르게 됐던 거 같아요.

제주에 오게 된 것이 본인의 선택이기보다 배우자의 이직에 의한 것이었는데요, 갈등이나 걱정은 없었나요?

당시에 회사를 다니고 있었다면 고민이 컸을 거예요. 하지만 저는 어디든 따라갈 수 있는 상황이었기에 큰 갈등은 없었어요. 둘 다 서울에서 꽤 오래 생활하며 지친 상태였기에, 새출발하는 느낌이 들었어요. 남편이 "제주도에 가자."고 했을 때, 저는 바로 "오케이!" 했죠. 제주 이주를 결정하고 실제로 이주하기까지 몇 개월의 시간이 있었는데 그때 코로나가 발생했어요. 복잡한 서울을 떠나 제주로 가는 우리의 결정이 더 힘을 받았어요.

회사에 소속되지 않은 자유의 몸이라고 해도, 사는 곳을 바꾸는 것이 쉬운 일은 아니죠.

저는 생각이 많은 편이지만, 막상 어떤 일이 닥치면 일단 저지르고 봐요. 심지어 이주하기 전까지 제주에 한 번도 와 보지 않았어요. 큰 관심도 없었지만, 그렇다고 가기 싫다는 생각도 없었어요. 제주 이주를 결정하고 난 후 친구들은 하나같이 제가 제주와 잘 어울리고 적응도 잘 할 것 같다고 말하더라고요. 그때부터 조금씩 제주에 관심을 가지고 찾아보기 시작했죠. 제주로 온 첫날, 기분이 좋았어요. 여행하러 온 건 아닌데 여행하는 느낌도 나고, 이곳에 삶을 살러 왔다고 생각하니 신기하면서 설레는 기분이었어요.

당시에 친구들이 제주와 잘 어울릴 것 같다고 한 말, 현재 시점에서 볼 때 그 말이 맞았나요?

저는 계속해서 일러스트 그림을 그리고 싶어 했고, 친구들도 늘 응원해 줬어요. 그리고 제 일러스트는 자연에서 얻는 요소나 영감이 많은 편인 걸 친구들이 알았기에, 제주에 가면 제 작업 영역이 더 넓어질 수 있을 거라고 생각한 것 같아요. 친구들의 그 말이 맞았어요.

만약, 제주로 오기 이전으로 돌아가서 다시 결정할 수 있다고 해도, 제주로 오겠어요?

네, 역시나 큰 고민하지 않고 제주에 오는 결정을 했을 것 같아요. 대학 졸업 후 회사를 그만둘 때까지 서울에서 치열하게 살았어요. 디자이너로 일하면서 재미와 보람도 컸지만, 누군가를 위한 일보다 제가 원하는 그림을 그리는 작가이고 싶은 마음이 자라고 있었어요. 그런 저에게 제주는 새로운 일을 할 수 있는 에너지를 주고 그 꿈을 실현해 줄 장소일 수도 있다고 생각했어요. 그리고 지금은 '이렇게까지 될 줄은 몰랐다.' 싶을 만큼 나아가고 있어요.

'주주스튜디오'는 현재 제주 모슬포에서 같은 이름의 매장도 운영하고 있습니다. 매장은 어떻게 오픈하게 되었나요?

남편을 따라 제주에 와서, 약 2년 정도는 집에서 방 하나를 작업 공간으로 두고 일을 지속했어요. 해가 뜨면 잠에 들고, 남편이 퇴근하는 시간에 눈을 뜨는 불규칙한 생활이 이어지다 보니 우울해지고 몸도 망가졌어요. 제주에 내려오면서 상상했던 자연 속에서 그림을 그리는 작가의 모습이 전혀 아니었죠. 서울에서 하던 일을 제주에 와서 하는 것 외에 달라진 건 없었어요. 오히려 아는 사람도 없고 비운전자인 저는 자유롭게 나다니기도 어려웠어요.

그래서 '나를 밖으로 내보내 보자.'라는 마음으로 집 밖에 작업실을 얻으려고 나왔다가 지금의 공간을 만났어요. 3개월쯤 발품을 팔아서 찾았는데, 원래 이 공간은 문방구였고요. 15년간 한 자리를 지키던 공간이라 그런지 공간의 냄새나 집기 같은 것들이 제게 선명한 이미지로 다가왔어요. 이 공간에서 제가 이어 갈 수 있는 게 있겠다는 느낌이 들었죠. 문방구 사장님이 될 수도 있을 거 같고, 쇼룸 공간으로도 쓸 수 있고, 수업도 할 수 있을 것 같고요.

원래는 개인 작업실로 생각했지만, 공간을 만나 아이디어를 얻으면서 '주주스튜디오'의 확장 가능성을 확인해 보고 싶어졌어요. 제

일러스트가 갤러리에만 걸리는 그림이 아니라, 삶 속, 다양한 사람들 속에 더 가깝게 존재하길 바라며 매장이 있는 동네나 공간이 다소 생소하더라도 그 생소함 속에서 다양한 움직임을 만들어 보고 싶었어요. 현재 매장은 일러스트 작가인 저의 작업실이자, '주주스튜디오'의 상품을 소개하고 판매하는 쇼룸이자, 드로잉을 배울 수 있는 클래스 공간으로 운영되고 있어요.

매장을 연 첫날, 기억하세요?

2022년 10월에 계약하고 한 달 반 정도 공사하고 나서 12월 1일에 열었어요. 예산이 많지 않은 상태에서 매장 오픈을 준비하다 보니 제가 직접 공사를 지휘하면서 필요한 전문가들을 불러 공사와 물품 제작을 해야 했어요. 오픈 날 매우 추웠는데 그날까지도 냉난방 공사가 끝나지 않았어요. 5시에 오프닝을 하겠다고 공지는 한 상황에 준비는 다 되지 않았지만, 그래도 첫 문을 열고 이 공간을 보여 줬어요. 추워서 손도 얼고 코가 빨개진 채로, 오시는 손님들께 작은 선물을 드리면서 소소한 오픈식을 했어요.

첫 손님은 누구였나요?

이 동네의 고등학교 학생들이었어요. 근처에 고등학교가 있는데, 학생들이 하굣길에 자연스레 들어왔어요. 원래 문방구가 있던 자리를 기억하고 있던 거예요. 이전 공간의 기억이 오픈 날 저에게 새롭지만 익숙한 손님들을 보내준 거였죠. 그 학생 손님들은 예전 문방구의 오랜 단골이었을 거예요.

확실히 '공간의 힘'이라는 게 있는 것 같아요. 매장을 열고 나서 이전과 달라진 점은 무엇인가요?

일단 집 밖으로 저를 꺼내 보는 원래의 목적이 성취되었어요. 매장 없이 집에서 작업할 때는 자유로움과 시간적 여유는 더 있었지만, 사람들을 만나기가 정말 어려웠거든요. 하지만 매장을 여니 사람들이 찾아왔어요. 꼭 손님만을 의미하는 것이 아니고, 창작하는 분, 공간 운영하는 분, 로컬 브랜드 하는 분, 비슷한 취향을 가진 분들이요. 이 공간이 사람들과 자연스레 연결되게 해 줬어요. 일러스트레이터인 저와 이 공간의 힘이 만나다 보니 더 많은 사람들과 연결되고 강해진 느낌이 들어요.

매장을 운영하면서 느끼는 어려운 점은요?

저는 이 공간도 겁 없이 저지르듯 열었어요. 거창한 기획이나 목표로 시작한 건 아니었어요. '나에게 닥치는 일들을 어떻게든 한번 해 보자.'라고 달려든 쪽에 가깝죠. 직원 없이 혼자 시작했는데, 제 그림을 알아봐 주고, 제품을 구매해 주는 분들이 늘면서 제가 할 수 있는 영역과 할 수 없는 영역들이 분리되었어요. 그래서 직원이 필요했어요.

그간 회사라는 울타리 안에서나 일을 해 봤지, 제가 울타리가 되어서 누군가를 채용하고 책임지는 일은 처음 해 보는 경험이었어요. 제 일만 하면 되는 게 아니라 직원을 두고 사업을 운영하는 대표로서의 무거운 책임감을 가져야 하는 거죠. 직원이 있다는 건 고정 비용이 높아졌다는 말과 같아요. 더욱 적극적으로 수익을 높여야 하는

게 부담으로 다가오기도 하고요. 하지만 직원이 있는 회사의 대표로서 제가 좀 더 사업을 책임감 있게 운영하게 하는 힘이 되기도 해요.

매장을 열고 직원이 생기면서 부담도 커졌는데, 그 부담을 어떻게 해소하고 있나요?

공간에서 판매하는 상품 종류를 늘렸어요. 지금 매장에서 팔리는 상품 중 가장 큰 비중을 책임져 주는 게 우드 오브제예요. 매장 공사를 할 때 잘려 버려지는 자투리 원목이나 합판이 너무 아까웠어요. 건축 자재상에 전화해서, 제 일러스트 그림에 맞게 잘라 줄 수 있는지 물었는데 그게 우드 오브제 상품의 시작이었죠.

그림에서 막 튀어나온 듯한 삐뚤삐뚤한 모양의 오브제가 특이해서인지 금세 입소문을 탔고, 국내외 편집숍의 입점 제의, 팝업 제안을 받게 됐어요. 때마침 코로나가 장기화되면서 '집 꾸미기' 트렌드가 인기를 끌었거든요. 핸드메이드로 만드는 오브제여서 만드는 데에 시간이 많이 들기는 하지만 반응이 좋아요.

또, 근처에 영어교육도시가 있어요. 아트 클래스에 관심 가질 타깃이 많다는 의미죠. 그래서 드로잉 클래스를 열어서 운영 중인데, 클래스는 에너지가 많이 드는 일이지만, 그만큼 수익을 가져다주는 일이기도 해요. 실제로 돈을 더 많이 벌어야 고정비에 대한 부담이 해소됩니다.

자체 디자인 상품 개발 판매, 매장에서 진행하는 클래스, 외부 브랜드 협업이나 디자인 작업 등 다양한 방식으로 수익을 창출하고 있는데, 이 중

수익에 가장 큰 부분을 차지하는 건 무엇인가요?

브랜드와 협업하는 활동이 금액적으로 가장 커요. 그다음이 클래스고요. 다만 브랜드 협업 일은 어떤 경로로 어느 시기에 들어올지 예상할 수 없기에 그것만 기다릴 수는 없어요. 클래스나 상품 판매를 꾸준히 하면서 정기적인 수익으로 가져가고, 한 번씩 하게 되는 브랜드 협업으로 비상금을 비축해 둡니다. 연세(매장 연간 임차료)도 내야 하고, 판매가 부진한 달엔 그걸로 직원 월급도 주어야 하니까요.

자신의 브랜드를 만들고 운영할 때 가장 중요한 건 무엇인가요?

나 자신이 주체가 되는 것이요. 하고자 하는 것들이 결국 다 저로부터 나오니까요. 계속해서 제가 하고 싶은 것, 보여 주고 싶은 게 무엇인지를 고민하고 활동한 것이 다양한 방식으로 연결되어 브랜드가 확장됐어요.

꼭 '브랜드로서 이런 걸 보여 줄 거야, 이런 걸 이룰 거야.' 하는 것보다 제가 하는 걸 꾸준히 하고 있으면 연결되어 다양한 일들이 생기고, 그렇게 해 나갈 수 있게 되는 것 같아요. 누구나 들으면 알만한 유명한 브랜드들과 협업*을 꽤 해 오고 있는 편인데, 제가 목표를 '유명 브랜드들과 협업할 거야.'라고 했으면 그리됐을까요? 저는 제 일을 하고 있었는데 그걸 알아봐 준 분들과 자연스레 연결된 거죠.

---

* '주주스튜디오' 대표이자 일러스트레이터인 전현주는 에스티로더, 아모레퍼시픽, 라로슈포제, 파리바게뜨, 배스킨라빈스 등 굵직한 브랜드들과 협업 작업을 했고, 해 오고 있다.

물론 그렇게 되기 위해 저를 알리는 작업은 해야 합니다. 저는 블로그나 인스타그램을 제 포트폴리오라고 생각하고 운영했어요. 제가 그린 그림을 올리면서 노출하고 계속 저를 알려 왔던 거죠. 지금도 다양한 협업으로 이어지는 방식이 별다를 게 없어요. 주로 SNS를 통해 작업 의뢰가 들어와요. 브랜드 운영자로든 일러스트 작가로든 SNS는 꼭 챙겨야 하는 것 같아요.

제주에서 디자인스튜디오의 대표이자, 일러스트 작가로 살아가는 전현주 님의 일과가 궁금합니다.

매장으로 출근하는 날엔 8시쯤 일어나 버스를 타고 가요. 매장에 도착하면 우선 커피를 한 잔 마시면서 오픈 준비를 하고요. 직원이 매장 관리하며 손님 응대하는 일을 하고, 저는 주로 주문이나 디자인 의뢰 건들이 있는지 메일 확인하고, 견적서를 보내거나, 상품 제작 발주를 하는 등의 사무 업무를 봐요. 클래스가 있는 날엔 학생을 만나고, 틈틈이 오브제 상품을 만드는 수작업을 하죠.

개인 작업이나 브랜드 협업 작업은 주로 퇴근 후 집에 가서 해요. 매장은 직원과 함께 일하고 손님, 수강생을 만나는 장소로 역할하고 있거든요. 저녁 7시에 매장을 닫고 집으로 돌아가 저녁을 먹고 고양이와 남편과 함께 쉬다가, 제 혼자만의 작업을 밤에 이어 가요. 요즘에는 밤샘을 줄이고 자정에는 잠자려고 노력하고 있어요. 자주 실패하지만요. *(웃음)*

제주라고 해서 더 여유롭거나 일하는 시간이 적은 건 아니군요.

저는 일과 삶을 일치시키는 편이에요. 예를 들어 SNS나 포트폴리오 사이트를 습관적으로 봐요. 공부하겠다는 의지나 목적을 두지 않고 그냥 눈에 자꾸 걸리게끔 일상으로 만들어요. 자연스럽게 일과 일상이 녹아들게 만들어 다양한 아이디어들이 일로 연결되게 하거든요. 제가 보고 느끼고 살아가는 모든 것이 작업에 영향을 줘요. 일과 삶이 전반적으로 크게 다르지 않고, 굳이 분리하려 하지도 않아요. 가장 좋아하는 일을 하고 있고, 그 일이 곧 저의 삶인 거죠. 그러다 보니 늘 시간이 모자라요.

어디에 사느냐보다 내가 어떤 사람인지가 중요한 것 같아요. 긴 하루 중 가장 행복할 때는 언제예요?

원래는 조용한 밤에 혼자 작업하는 시간을 가장 좋아했는데, 최근에는 아침 출근길이 좋아요. 직장인으로서 회사 다닐 때는 한 번도 가져 보지 못한 느낌이죠. 직장인일 때는 항상 출근길이 힘들고, '하루를 어떻게 버틸까?' 하는 생각만 했다면, 지금 출근길은 좀 달라요. 고작 10분 정도 버스를 타고 출근하는데, 그 시간 동안 일과를 미리 그려 보고 할 일을 정리하거나 아이디어를 떠올리고 계획해요. 그 시간이 저에게는 일종의 리추얼(Ritual, 나를 위한 소소한 루틴)이에요.

직장 생활을 할 때도 그런 시간은 있잖아요. 오히려 서울에서는 통근 시간이 더 길었을 테니 하루를 준비하는 시간도 더 길었을 텐데요.

회사에서도 주도적으로 일을 했지만, 늘 남의 일을 하는 느낌은

지울 수가 없었어요. 회사에 소속되든 독립하든, 두 경우 다 일에서 성취감을 얻을 수 있어요. 하지만 내가 하고자 하는 일, 나를 오롯이 보여 줄 수 있는 일과 아닌 것의 감각에는 차이가 있어요.

직장 생활을 할 때는 회사라는 울타리 안에서 안정감을 느끼는 동시에 자신을 억누르면서 일한다면, 지금은 오롯이 저를 담고 저를 드러내는 브랜드를 운영하니까 자유롭고 자연스러워서 더 행복한 것 같아요. 일의 주도성이 커진 만큼 책임감도 커지고 스스로 해결해야 하는 문제들도 많지만요.

어떤 결정을 할 때 남에게 많이 물어보는 편인가요, 스스로 내리는 편인가요?

저는 잘 안 물어봐요. 제가 판단하고, 제가 결정하는 편이에요. 그리고 조직을 벗어나 제 브랜드를 운영하다 보면, 실제로 물어볼 데도 없어요. 회사 다닐 때는 조직 내부에서도 피드백을 수시로 받고 그에 맞춰서 수정하고 평가받죠. 그런데 직장을 관두면 물어보거나 평가받을 수 있는 곳이나 사람이 별로 없어요. 혼자서 모든 것을 일일이 다 해야 하는 과정을 지속하다 보니 스스로 결정하고 스스로 만들어 낸 결과에 대해 책임감을 더 크게 가지게 돼요.

10년의 직장 생활은 지금의 일을 하는 데 어떤 영향을 미쳤나요?

첫 직장은 잡지사였어요. 그곳에서 책 한 권이 편집, 디자인을 거쳐 인쇄되어 나오기까지 지류 상품의 제작에 대한 전반적인 걸 배웠어요. 그리고 화장품 회사나 식품 회사에서는 창작, 브랜딩, 제품 디자인 등을 배웠고, 팀장이 되어 팀을 운영하며 팀의 성과를 어떻게 보여 줄지 고민하고 커뮤니케이션하는 방법을 배웠어요. 그런 경험들이 현재 제 브랜드를 꾸려 가는 데 큰 바탕이 되었습니다.

회사를 나와 창업할 때 가장 중요한 것이 뭐라고 생각하는지 본인의 경험을 토대로 이야기해 주세요.

저는 한 번도 제가 하기 싫은 일을 해 본 적이 없어요. 너무 감사한 일이죠. 어릴 때부터 그림 그리는 걸 좋아했고, 과수원을 하는 부모님 덕에 자연과 어울려 자라던 과정에서 영감도 많이 받았어요. 당연한 듯 미대를 가게 되고, 이후에 디자이너로서 직장을 다니게 되고, 현재까지 이어지고 있죠. 어릴 때부터 지금까지 자연스럽게 제가 좋아하는 것, 하고사 했던 방향대로 잘 흘러가고 있는 것 같아요.

즉, 내가 하고 싶은 일이 내가 즐길 수 있는 일이어야 하는 것 같아요. 그래서 누군가 자신의 브랜드를 운영하거나 자기 일을 찾고 싶다면 먼저 본인이 좋아하는 일이 무엇인지, 즐길 수 있는 일이 무엇인지를 찾고 그것을 일로 이어 갈 수 있다면 유리한 점이 많을 거라고 말하고 싶어요.

제주에서 일하고 살아가는 것의 좋은 점은 무엇인가요?

일러스트를 창작하는 데 필요한 영감은 도시나 제주에나 어디든 있어요. 그럼에도 제주에서는 자연이 주는 영감을 받을 수 있다는 게 가장 큰 장점이에요. 일상에서 자연과 함께 호흡하면서 계절마다 다른 자연의 색감을 만나는데 그게 자연스럽게 창작 활동으로 이어져요. 제 작품을 만나는 분들이, 자연을 통해 할 수 있는 힐링을 제 일러스트 그림으로 할 수 있길 바라며 작업해요. 또 제주는 유명 여행지이기도 하기에 제주를 방문하는 국외, 국내 다른 지역 사람들과 교류하고 새로운 시각과 피드백을 주고받을 수 있어서 좋아요. 동시에 제주 지역의 아티스트와 로컬 브랜드와의 네트워킹 기회도 많고요.

반면, 제주에 있어서 답답하거나 어려운 점도 있죠?

제품을 개발하고 제작하는 작업 특성상 그 과정들이 빠르게 진행되어야 하는데, 제주에 있다 보니 속도감이 좀 떨어져요. 부자재를 구매하거나 샘플을 제작해서 받는 것도 시간이 오래 걸리고 비용도 더 커지죠. 재료 수급이나 제작 공정을 제주에서도 할 수는 있겠지만, 육지에서 함께 손 맞춰 본 업체들을 버리고 제주에서 새롭게 찾는 건 굉장히 품이 많이 드는 일이고 위험하기도 해서 아직은 제주에 오기 전부터 함께 일해 왔던 육지의 업체들과 함께하고 있어요.

지금의 행복과 만족감 대신에 잃은 건 없나요?

체력적, 정신적으로 균형 유지하기가 어려워요. 대학 때부터 밤샘 작업과 잦은 야근에 노출되어 일을 하던 습관이 아직 남아 있는 건데요. 그러다 보니 오히려 느슨하고 여유로우면 작업이 잘 안되기도 해요. 정신과 몸, 모두 건강하기 위해 잠자는 시간을 확보하고 운동도 하려고 노력하고 있어요. 최근 들어 집중력이 흐트러져서 일이 더디게 진행되는 경우가 있거든요. 마음을 다잡고 책상 앞에 앉아도 연필로 점 하나 찍을 수 없는 때가 있어요. 컨디션 조절에 실패했다고 느끼는 요즘이에요. 체력과 여유를 찾는 게 가장 어려워요.

좋아하는 일을 주도적으로 한다고 해도, 스트레스는 있죠. 어떻게 해소하나요?

아무것도 하지 않아요. 영화를 보거나 음악을 듣는 등의 문화생활도 제겐 자연스럽게 작업의 요소가 되니까요. 정말 쉬고자 할 때는 쉬는 것에만 집중해요. 저를 자극하는 모든 인풋(input)을 차단하고 쉬어요. 고양이 두 마리(현식&다미)를 키우는데, 집에 머물면서 고양이랑 놀고, 집밥 맛있게 해 먹고, 늘어지게 잠을 자기도 해요.

현재 하는 가장 큰 고민은 무엇인가요?

'주주스튜니오'가 추구하는 방향이나 목표를 명확하게 잡고 있지는 않아요. 다만 할 수 있는 영역을 천천히 확장하며 앞으로 나아갈 생각이에요. 그러다 보니 제가 할 수 있는 영역과 하고 싶은 것들을 어떻게 브랜드에 녹여 보여 줄 수 있을지에 대한 고민이 있어요. 예쁘고 좋은 것들이 넘쳐 나는 세상에서, 소비 목적의 상품을 만드는 데에서 벗어나 다양한 문화 콘텐츠와 창작 활동을 어떻게 연결할 수 있을까 하는 고민이 늘 숙제처럼 따라다닙니다.

요즘 '자영업자들 힘들다.'는 기사가 많이 나오는데요, 지속적으로 수익 창출하기에 힘들지는 않아요?

만약에 매장을 운영하면서 브랜드 상품을 판매하는 방식으로만 운영하면 아주 힘들 것 같아요. 하지만 저는 하는 일의 범위를 한정하지 않고 다양한 영역으로 넓혀서 기회가 닿는 대로 해 왔어요. 그 덕분에 수익을 창출할 창구가 많아졌죠. 브랜드 제품 개발과 판매, 이와 동시에 일러스트레이터와 디자이너로서의 외주 창작 활동도 병행하니 서로 시너지도 발휘하고 수익에 안정성도 더해지고요. 제품 제작과 판매만으로 좁혀서 '장사'의 범위로만 한정해 본다면 지속 가능성은 굉장히 낮을 거예요. 지속할 수 있으려면 새로운 작업을 꾸준히 보여 주고 알리는 수밖에 없어요.

만약 지금 하는 일을 서울이나 육지의 대도시에서 했다면 어땠을 것 같아요?

제주가 아니었다면, 아마 지금과 같은 매장을 열고 이로써 연결되어 벌어지는 일들을 하기는 힘들었을 거예요. 공간을 가졌더라도 저를 위한 개인 작업실에 가까웠을 것 같아요. 제주는 여행지로 특화되어 있으니, 공간을 열 때에 뚜렷한 구상이 없었더라도 이런저런 방식으로 꾸려 갈 수 있겠다고 생각할 수 있었거든요.

그리고 오랜 스토리가 있는 공간도 제주에는 많죠. 15년 된 문방구 공간을 만나고, 그곳에서 아이디어를 얻어 지금의 '주주스튜디오' 모습을 갖추었듯이. 스토리가 있는 힘 있는 공간을 서울에서는 구하기도 어렵고, 무언가 새로운 그림을 상상하면서 만들기까지의 과정과 결과가 훨씬 쉽지 않았을 것 같아요.

서울에 있는 디자이너 후배가, "선배처럼 제주 가서 아트스튜디오 열고 싶어요!"라고 한다면 뭐라고 답하시겠어요?

"해 봐라. 부딪쳐 봐. 하지만 생계와 직결되는 일이니, 우아하게 그림만 그리면서 돈은 자연스럽게 따라올 거라는 상상은 접고 치열해야 할 거다!"

앞으로의 목표와 계획이 궁금합니다.

'주주스튜디오'는 현재 노트류나 포스터, 다이어리 등 지류 상품 위주로 개발하여 판매하고 있어요. 그건 제가 감당할 수 있는 업무량과 충분한 퀄리티로 만들어 낼 수 있는 상품군이기 때문이에요. 앞으로 제품 카테고리를 신중하게 확장해 나가려고 해요.

또한 지금까지 많은 브랜드와 협업을 해 왔는데 여전히 어려운 것이, 저의 작업 스타일을 고스란히 상대 브랜드에 녹이는 거예요. 모든 디자인을 개인 작업처럼 하기는 현실적으로 어렵지만 저의 작업 스타일이 드러나지 않는 것은 가장 의미 없는 협업이라 생각해요.

앞으로는 더 좋은 결과물을 위해 브랜드에 주도적으로 제안하고 끌고 가야 할 숙제가 남아 있어요. 협업은 작가인 저와 제 브랜드에 또 다른 기회가 되는 건 분명하기에, 최대한 능동적으로 상대 브랜드가 저의 새로운 캔버스가 될 수 있도록 노력할 거예요. '주주스튜디오'의 이름으로 확장할 수 있는 가능성이 생각보다 더 크게 활짝 열려 있다고 느껴요.

내가 하고 싶은 일이
내가 즐길 수 있는 일이어야 하는 것 같아요.

어나더페이지
신의주

내가 가장 잘할 수 있는 이야기

제주 서남쪽 대정읍 모슬포에서 책방 '어나더페이지'를 운영하는 신의주 대표는 제주에서 나고 자란 토박이다. NGO에 몸담고 개발 도상국 현지에서 일하고 살다가 지치자, 고향에 돌아오고 싶었다. 좋은 기회를 만나 제주에 소재한 기업에서 사회 공헌 업무를 했지만, 직장 생활은 또 다른 고민을 줬다. 그런 과정에서 본인이 진짜 하고 싶은 일이 무엇일지 생각하다가 이직이나 서울행이 아닌 '이야기를 나누는 공간'으로서의 책방을 고향 동네에서 열기로 결정했다. 제주에서 책방을 하고 산다는 건 누군가에게 '로망'인 동시에 '생계가 되기는 할까?'의 걱정과 다름없는 '호기심'이기도 하다.

책방을 운영하는 신의주 대표는 "녹록지 않고, 치열하게 살아가고 있다."라고 말한다. 그럼에도 그에게는 '힘들지만 할 수 있다.'라는 믿음이 분명히 있다.

제주에서 하는 일을 중심으로 본인 소개해 주세요.

저는 제주가 고향이에요. 고향인 서귀포 대정읍 모슬포로 돌아와 2020년부터 책방(서점) '어나더페이지'를 운영하고 있어요. 지역 공영 방송에 출연해 책 소개하는 일, 외부 강의나 기획 일 등도 하고 있어요. 다양한 일을 하고 있지만 저는 '책방지기'로 불릴 때 가장 좋습니다.

책방 '어나더페이지'를 열기 전에는 어디에서 무슨 일을 했나요?

저는 제주에서 나고 자라 대학 생활까지 제주에서 한 후 서울의 민간 연구 기관에서 인턴을 하며 일을 배웠고, 국제 개발 협력 분야의 NGO*에 몸담고 개발 도상국 현장에서 학교와 도서관 세우는 일 등 다양한 프로젝트에 참여했어요. 그 이후에는 외국계 기업에서 사회 공헌 업무를 했고요.

NGO에서는 개발 도상국 현지에서 당시 20대인 제가 맡기에 과하다고 느껴질 정도의 큰 일들을 도맡아 직접 진행했어요. 기금을 받아 운영하는데, 간혹 사업 자체가 시혜적인(은혜를 베푸는) 성격은 아닌가 고민하게 됐죠. 거기에서 오는 불편한 느낌, 그리고 그와 관련한 하나의 사건을 겪게 되면서 그 일을 지속하기가 힘들다고 판단했어요.

그래서 기업으로 눈을 돌렸는데, 사회학을 공부하고 NGO에서 일한 경험이 있다 보니 기업의 사회 공헌 업무를 담당하게 됐죠. 그 기

---

*비정부 조직. 정부 조직과 사기업 중 어느 곳에도 속하지 않는 민간단체.

업은 제주시에 있었고요. 기업이 벌어들인 수익을 사회에 환원하는 일은 듣기만 해도 신이 났어요. 정부 기금보다는 더 자유롭게 기업의 돈을 좋은 일을 위해 쓸 수 있을 거라 기대했거든요. 겪어 보니 기업의 사회 공헌 활동은 마케팅 수단으로서 큰 역할을 하고 있고, 마케팅적으로 힘을 쏟아야 하다 보니 저는 그게 또 부대꼈어요. 그 과정에서 '내가 하고 싶은 일이 뭘까?'에 대해 다시금 생각하게 됐어요.

적성과 관심에 맞는 일을 찾아서 사회 생활을 시작한 편임에도, 그 속에서 겪는 불일치나 불편함 등이 있었군요. 기업으로 이직하면서 다시 제주로 오게 되었는데요, 고향을 떠나 외국에서 생활하다가 제주로 돌아올 때는 큰 고민 없었어요?

긴 시간은 아니었지만 20대에 해외 생활을 지속하고 이동을 많이 하며 살다 보니, 제주로 돌아오고 싶은 마음이 컸어요. 그러던 차에, 제주에 있는 기업의 사회 공헌팀으로 이직이 되었죠. 제주로 돌아오는 건 제가 바라던 바였고, 마침 이직할 회사가 제주에 있어서 저는 큰 고민 없이 너무 기뻤어요.

취업해서 직장을 다니다가 그 회사나 업무가 본인과 맞지 않으면 보통은 고민하다가 이직하죠. 물론 그게 정해진 답은 아니지만요. 이직이 아닌 책방을 만들고 운영하는 쪽으로 생각하게 된 계기가 있나요?

다니던 회사를 관두겠다는 생각은 이미 했고요. 그러면서 '나는 앞으로 뭘 할 것인가?' 하는 지점에서 서울로 가 이직을 할지, 다시 NGO로 돌아갈지 고민했어요. NGO는 적은 월급을 받고 굉장히 고

군분투하는 반면, 기업은 월급 수준은 더 높지만 제가 하고 싶은 일이 아니었어요. NGO가 하는 일이 제가 하고 싶은 일이 맞긴 한데, 몸과 마음이 힘들고 경제적으로도 힘들어요. 특히나 일의 강도가 세고 체력적으로도 무리가 많이 되어서 나이가 들 때까지 지속할 수 있는 일은 아니라는 판단이 들었어요. 또한 기업이든 NGO든 이직을 생각했을 때는 원하든 원치 않든 제주에는 일자리가 별로 없기에 서울로 가야 할 거라고 생각했고요.

그러던 중 언니가 "너는 바로 일을 하고 싶어?"라고 물었어요. "좀 쉬고 싶어."라고 답은 했지만 출근하고 일해서 월급 받아 한 달을 사는 평범한 직장인이다 보니 당연한 듯 다음 직장을 고민하고 있던 거였죠. 그리고 언니가 하고 싶은 게 뭔지 한번 잘 생각해 보라고 했을 때, 막연하기는 했지만 제가 하고 싶은 건 '일종의 이야기를 나누는 거'라 생각했어요. 제가 개발 도상국에서 실제로 경험한, 여전히 존재하지만 우리가 너무 모르고 있는 것들, 게다가 그런 모습에 대한 우리의 책임 등을 시혜적인 시선이 아닌 연결된 시민으로서 함께 살아가는 이야기로 하고 싶었어요.

그런 이야기를 하려면 어떤 공간을 열어야 할지 생각하던 중에 언니가 "책방?!" 이렇게 해서 책방이라는 공간이 떠올랐어요. 제가 책방을 좋아하기도 했고요.

하고 싶은 일이지만 조건이 녹록지 않은 일과, 내게 좀 맞지 않지만 조건은 괜찮은 일 중에서 내가 하고 싶은 일에 더 방점을 둔 걸 보면 경제적인 문제에선 스스로 좀 자유로운 편인가요?

당시에 돈이라는 것은 없어도 그만이고, 있어도 결국 쓰고 없어지는 거라고 생각했어요. 그리고 생활 방식을 조금만 바꿔도 제가 하고 싶은 일을 하면서 돈을 벌며 살 수 있다고 생각했고요. 하지만 지금은 하고 싶은 일을 하고 있는데, 여기에 돈도 많이 벌면 당연히 더 좋겠다고 생각하기는 해요. (웃음)

가까운 가족이 큰 힘이 되기도 하지만 가장 많이 걱정하고 반대하는 존재이기도 하죠. 부모님이나 지인의 반응은 어땠어요?

언니 빼고 다 반대. 저희 부모님은 뭐든 반대하는 스타일이 아닌데, 제가 서른 넘어 책방을 하겠다고 했을 때 처음으로 부모님의 반대에 부딪혀 봤어요. 이유는 '책방 하는 게 너무 힘들다.'였어요. 아버지가 시인이시서 문단, 출판, 책방의 사정 등을 잘 알고 계신 편이에요. "회사 다니며 돈 잘 벌다가 앞으로 어떻게 벌어먹고 살려고 하냐?"라는 거였죠. 근데 저는 하나도 흔들리지 않았고, "인생은 원래 다 힘들어, 이제는 직장에서 정년 보장도 없어!"라고 대꾸하면서 부모님 말을 하나도 듣지 않았어요.

지금은 많이 바뀌고 있습니다만, 지방에 살다가 공부나 취업의 이유로 서울에 가면 '출세'라고들 했어요. 그런 점에서 젊은 나이에 다시 고향에 돌아오기로 했을 때 심적인 부담은 없었어요?

저는 그런 건 전혀 없었어요. 일단 공부 잘하던 언니 오빠도 집안 여건상 제주에서 대학을 다녔어요. 그리고 저는 언니 오빠를 보면서 자연스레 제주에서 대학을 갔죠. 저는 좋았어요. 제주에서 대학생으로서 많은 혜택을 받고 있다고 생각했거든요. 예를 들어, 대학 다닐 때 해외 봉사단이 인기였어요. 대기업들이 대학생 봉사단을 꾸린다고 해서 서울로 가 면접을 보는데 경쟁률이 어마어마했어요. 그런데 지역적 안배를 고려하다 보니, 저는 그 어려운 경쟁률이 뚫어지더라고요. 지방 사는 특권같이 느껴졌죠. 덕분에 대학 때부터 관심 있던 분야의 봉사나 경험을 다양하게 할 수 있었어요.

저는 호기심이 많아서 '여기 가 보고 싶다, 저기에서 뭘 해 보고 싶다.' 하는 식의 욕망은 매우 컸어요. 선망의 대상은 늘 저 위 저 멀리 있지만 그렇다고 여기를 벗어나야 한다고 생각하지는 않았어요. 누구나 선망의 대상은 손이 닿지 않는 저곳에 있잖아요. 저는 그래서 서울에 꼭 가야겠다는 마음도 없었고, 다시 고향으로 돌아오는 것에 대한 부정적인 감정도 전혀 없었던 것 같아요.

그리고 외국에서 힘들면 '집에 가서 김치 먹고 싶다.'는 생각을 하던 사람이기에, 제 머릿속에 '출세'라는 단어는 애초에 없었던 것 같아요. '와, 이런 세상 재밌다, 이런 이야기도 있네!' 하면서 신나서 경험하고 일하다가, 피곤하면 집에 오고 싶다고 생각하는 사람이에요.

하고 싶은 이야기를 할 수 있는 공간인 '책방'을 떠올리고 나서, 실제로 책방을 열기까지 어떤 준비를 했나요?

일단 저를 돌아봤어요. 제가 책방을 할 수 있을 만큼 책에 대해 잘 아는 사람인지 자기 검열을 했죠. 자기 검열을 하다 보니 잘 모르면 배우면 된다고 생각했고요. 그래서 서울과 제주에 있는 책방을 엄청나게 돌아다녔어요. 사전 정보를 수집하고 알아 가는 과정에 열을 올렸어요. 그리고 책방이 공간 운영이기도 하지만, 실제로 책 유통하고 판매하는 소매업이에요. 그런 것에 대해서도 아는 게 없었기에 정보를 많이 찾아야 했어요. 그런 시간이 약 8개월 정도 지속됐고, 공간 인테리어를 하는 데 4개월 정도 걸렸어요. 코로나 팬데믹 동안 인테리어 비용이 상승하면서 예상했던 것보다 공사비가 2.5배 이상 올랐어요. 그래서 인테리어를 직접 하느라 오래 걸렸어요.

그리고 현재 책방이 있는 공간은 제가 회사를 관두려고 고민하던 때에 우리 집의 고민거리였어요. 할머니께서 가진 작은 건물인데 새로 들어오기로 한 세입자가 페인트 작업까지 다 한 상태에서 갑자기 취직하면서 공간이 비게 된 거예요. 그 공간이 지금의 서점이 되었죠. 매달 임차료를 내고 제가 쓰고 있어요. 책방을 열기까지 약 1년이 걸린 셈인데 스스로 '더 빨리 해야 해, 더 서둘러야 해.' 하는 마음으로 종종댔던 기억이 나요.

책방 '어나더페이지'는 어떤 가치를 지향하고 있나요? 책방의 시작이 '이야기를 나누는 공간'에서 출발했기에 어떤 이야기를 하고 싶었던 건지 궁금합니다.

책방 준비하며 자기 검열에 들어갔을 때 '내가 가장 잘할 수 있는 이야기'를 해 보자고 생각했어요. 제주에서 자라면서 가치적으로 보호해야 하는 문화에 대한 관심이 많았기에 '환경'과 '로컬', 그리고 개발 협력 분야에서 경험하며 만난 다양한 세계와의 연결성을 알려 줄 수 있는 '다양성'. 이 세 가지 키워드를 잡았어요. '환경, 로컬, 다양성'을 추구해서 그에 맞는 책들을 큐레이션(추천)하고, 키워드에 맞는 프로그램들을 진행하고요.

그러다 보니 지역에서 환경 보호 활동을 하는 NGO나 개인과 협업하거나 인권 센터 소장님을 초청해서 관련 책을 가지고 북토크를 하기도 해요. 이 공간의 정체성은 '책방'이기에 키워드에 맞는 행사를 할 때 늘 책을 가지고 이야기해요. 책방 행사 기획의 모티브도 책에서 출발하고요.

책방을 운영하면서 초기에 했던 고민은 무엇인가요?

세 가지 키워드를 중심으로 큐레이션을 하고 프로그램을 기획하니 여성, 소수자, 동물권, 난민 이슈 등 예민한 이슈를 많이 다루게 되고 그런 책 중심으로 서가가 꾸며졌어요. 그러다 보니 책방의 문턱이 높아지는 게 아닌지 초기에 고민이 많았어요. 책방은 문턱이 낮아야 많은 사람들이 와서 이야기할 수 있는 공간이 되는 건데 말이에요.

키워드를 두고 분명한 주제로 큐레이션을 하다 보니 일부러 찾아오는 분들이 생겼어요. 하지만 지역 주민이 오질 않는 거예요. 어떻게 하면 지역 주민도 더 찾을 수 있게 할지 고민하면서 다른 책방들이 어떻게 하고 있는지를 열심히 찾아봤어요.

책방이 낮은 문턱이 되려면 더 일상의 것들을 이야기해야 하더라고요. 제가 다루는 이슈들이 일상적이지 않다는 의미는 아니고요. 조금 더 대중적인 공감대를 형성하려면 이 공간 자체에 대한 지역 사람들의 신뢰가 필요하다고 생각했어요. 그래서 지역적인 문화를 가져와서 편하게 도민들, 지역 주민들이 참여할 수 있게 쉰다리(제주 전통 발효 음료) 만들기나 취미 그림 활동 프로그램 등을 진행하면서 지역

주민들이 가볍게 드나들 수 있게 노력했어요.

책방 방문자는 어떤 분들인가요?

'어나더페이지'는 검색해서 찾아, 일부러 방문하는 여행자가 좀 많은 편이에요. 여행자들이 줄어드는 여행 비수기에는 도민들이 꽤 찾아와요. 대정읍 지역 주민보다는, 제주의 더 먼 다양한 지역에 사는 도민들이 여행자들처럼 이곳을 찾아서 와 주시는 경우가 많아요. 대정읍 주민들이 장 보러 근처에 오셨다가, "여기 서점이 있네!" 하면서 와 보실 수 있도록 제가 더 분발해야죠.

오픈(2020년)하고 현재(2025년)까지 약 5년간 운영 중이신데, 처음과 지금 가장 달라진 점은 무엇인가요?

서가에 책이 많아졌어요. 처음에 '환경, 로컬, 다양성' 세 주제에 맞는 책만 큐레이션해서 서가를 구성했어요. 초창기에 한 손님이 "책방이라면 책을 좀 더 들여놓는 게 좋지 않을까요?" 하고 조심스레 말해 주신 적이 있어요. 그분이 한 해 뒤에 다시 오시고는 책방이 너무 멋져졌다고 말해 주셨어요.

손님이 걱정할 만큼 초기에 책이 많이 없었는데, 지금은 책방의 문턱을 낮추기 위해서, 그리고 제가 하고 싶은 이야기를 하기 위해 먼저 대중과의 공감대 형성이 필요하기에 대중적으로 잘 읽히고 좋아할 만한 책도 갖추면서 책 종수(가짓수)가 많아졌어요. 꼭 제가 하고 싶은 이야기만이 아니라 사람들이 좋아하는 이야기에도 귀 기울이고 있어요.

오픈 첫날 기억하세요?

잔치가 따로 없었어요. 제가 나고 자란 동네에서 가게를 오픈한다는 것에 겁을 먹었어요. 준비할 때는 그런 생각을 안 했는데 오픈 직전이 되니 겁이 나더라고요. 문을 다 떼어 내고 테이블 깔고 떡도 하고 난리였어요. 지인들로 복작복작했어요. 지나가던 분들도 "오픈했구나, 근데 여기 뭐 하는 데라?" 하시며 들여다보시고요. 그리고 다들 말도 많이 해 주셨어요. "떡 해서 저 아래까지 돌리고 인사를 다녀야 한다." 등등. 떡을 해서 책방에 오는 분들에게 드리는 게 아니라 저 아래 시장까지 가서 떡을 돌리고 왔어요. 초보 사장인지라 긴장하면서도 열심히 했어요.

책방을 운영하기 전 했던 사회 생활과 직업적 경험이 지금의 책방 운영에 도움이 되고 있나요?

그렇죠. 했던 일들이 글을 쓰고 기획하고 사업을 조직하는 거였기에 지금 책방에서 하는 일들이 어렵지 않게 느껴져요. 이미 훈련이 되어 있으니까요. 거기에 하고 싶은 걸 하니까 더 재미있어요.

'책을 읽지 않는 시대'*에 책방을 운영하면서 책 판매로 수익을 창출하기 어렵지 않나요?

어려워요. (웃음) 책방의 주요 수익원은 책 판매인데, 기본적으로

---

* 2023년 기준, 성인 연평균 독서량 약 3.9권, 대한민국 성인 연간 종합 독서율 43%로 10명 중 6명 정도는 1년에 책을 한 권도 읽지 않는다는 의미.

책방은 도서 유통사를 이용하는 소매업이에요. 책 한 권을 팔면 판매가의 25~35% 정도가 책방의 수익으로 남아요. 책방에서 주로 취급하는 사회 과학 및 인문학 도서는 수익률이 그보다 훨씬 낮고요. 그 외에 공간 운영 비용인 임차료, 공과금 등을 포함하면 그 숫자는 더 낮아져요.

지금 생각해 보면 좀 낭만적인데, 처음에 책방을 열면서 목표로 삼았던 건 '하루에 한 권만 팔자.'였어요. 꼭 한 권만 팔겠다는 건 아니고요. 당연히 한 권만 팔면 공간 임차료도 못 내니까 안 될 일이죠. '하루에 한 사람만 와도 기꺼이 환대해서 맞겠다.'라는 저의 마음속 다짐이었어요.

그리고 지금은 하루에 한 사람도 방문하지 않는 날이 없어서 너무 감사해요. 한 분이라도 오시면 자연스럽게 책과 관련한 다양한 이야기를 나누면서, 책을 읽지 않는 시대라지만 여전히 책을 좋아하는 분들이 상당히 많다는 걸 느껴요. 게다가 요즘 텍스트힙(텍스트와 힙하다는 말의 합성 신조어, 글을 읽는 행위 자체의 멋짐을 의미) 열풍도 불고 있어서 굉장히 반가워요.

다른 사업체도 마찬가지긴 하지만 책방을 지속적으로 운영하려면 수익이 안정적이어야 할 텐데요, 책방의 수익 구조와 비중은 어떻게 되나요? 방송 및 강의 활동 등을 포함한 수익 활동 전부를 합쳐 봤을 때요.

매출로 따지면 책 판매가 가장 큰 비중을 차지해요. 전체 매출에서 책 판매 매출이 70% 정도예요. 하지만 순수익으로 따지면 책 판매 수익률은 그보다 훨씬 떨어지고, 나머지 외부 기획 일이나 강의 등 순수하게 제 인건비가 매출이자 수익이 되는 일들이 많은 부분을 보충해 줘요.

책방을 운영하면서 다른 일을 병행하는 것이 쉽지만은 않을 것 같아요. 하지만 외부 일이 수익적으로는 확실하게 도움이 되니 안 하기도 어려울 것 같고요.

외부 다양한 활동이 확실히 경제적으로 도움을 줘요. 하지만 앞으로는 외부로 나가서 하는 일을 줄이려고 해요. 책방을 비우는 날이 많아질수록 책방의 지속 가능성은 떨어진다는 생각이 들거든요. 책방이 핵심인데 이것 자체를 지속 가능하게 하려면, 허리를 좀 더 졸라매더라도 이곳을 중심으로 더 많은 것을 풀어 나가는 노력을 해야 할 것 같아요. 그래서 이전에는 제주 전 지역으로 강의를 다녔다면, 작년부터는 인근 지역에서 하는 강의만 나가는 식으로 제 활동 반경을 줄이면서 책방 중심적으로 일을 해 나가고 있어요.

수익만 따지면 책방을 닫고 외부로 나가서 하는 일들을 더 많이 하는 게 맞는데, 저는 제가 '책방지기'로 불릴 때 가장 행복해요. 외부 일을 줄이고 대신에 책방의 큐레이션을 더 다양하게 확대하고 있어요. 플리 마켓이나 북페어(도서전) 등 외부로 나가서 책 판매나 책방을 홍보하는 일들을 더 활발히 할 거예요. 그리고 책방 위층에 책방만

---

*신의주 책방지기는 책방 운영 외, 지역 내 학교에서 글쓰기 강의, NGO 사업 프로그램을 통한 '지구시민교육' 강의, 제주 청년과 함께하는 다양한 프로그램 기획, 제주 공영 방송 출연 등을 유동적으로 해 오고 있다.

한 공간이 있는데 북스테이로 변경해서 운영하려고 준비 중이에요.

보다 책방 공간 중심으로 활동해 나갈 준비를 하고 있군요. 관광 비수기나 날씨 등 외부 영향으로 손님이 뚝 끊기거나 할 때도 있죠? 그럴 때를 대비하는 방법이 있나요?

관광 성수기인 여름이 지나고 관광 비수기가 오고, 게다가 학교 개학 시점이 되면 손님이 정말로 뚝 끊길 때가 있어요. 하지만 그건 책방의 공간적인 문제가 아니라 외부 환경적인 영향이어서 딱히 대비할 방법이 없어요. 그래서 그런 비수기에 저도 쉬어야겠다고 생각해요. 책방에 정기 휴무일이 있다고 해도 그날엔 손님을 받지 않을 뿐, 책 주문이나 행사 기획 등의 다른 일을 하거든요. 365일 쉬지 못해요. 그래서 극비수기가 왔을 때 저도 책방 문을 닫고 이곳을 떠나서 충전하는 시간을 2023년부터 가지고 있어요.

책방을 운영하면서 겪는 힘든 점은 또 어떤 게 있나요?

무슨 일이든 크고 작게 신경 써야 할 것이 많지만 실제로 운영하면서 힘들지는 않아요. '힘들지만, 그렇게 힘들지는 않다.'라고 해야 할까요? 이건 제 사고방식이기도 한데, 뭐든 좋든 안 좋든 극단적으로 생각하지 않아요. 예를 들어 '힘들어 죽겠다.'라고 생각하지 않고 '힘들지만 할 수 있어.'라고 생각하는 편이거든요.

원래 긍정적인 편인가요?

아니요. 전 기본적으로 비관적이에요. 하지만 극단적으로 생각하지 않는 편이고 늘 저의 가능성을 믿는 편이라고 하는 게 맞을 것 같아요. 그리고 소규모로 하니까 '이 정도는 내가 할 수 있지.'라고 생각해요. 저는 제가 감당하지 못할 건 시작도 안 하는 편이에요. 어떤 제안이 왔을 때 제가 감당하기에 벅차 보이면 제 것이 아니라 생각하고 거절하거든요.

일상적으로 진짜 힘들 때는 일이 몰아닥칠 때예요. 시간이 늘 부족해요. 어떤 일이든 1인이 운영하기에 생기는 힘듦이죠. 혼자서 운영하는데 납품*, 행사, 강의가 한꺼번에 몰릴 때 시간이 부족하고 쫓겨요. 운동할 시간이 없는데, 책방을 하면 책을 엄청 들었다 놨다 하고 옮기거든요. 그러면서 '난 운동도 하고 있다.' 생각해요. (웃음)

'좋아하는 것이 일이 될 때 괴로워진다.'라는 말도 있잖아요. 동의하는 지점이 있나요?

아이러니한데, 책방을 하다 보니 좋아하는 책을 많이 읽지 못해요. 시간상으로 쫓기다 보니 제가 좋아하는 책을 천천히 곱씹으면서 읽을 시간과 여유가 없어요. 책방에 큐레이션하기 위해, 강의 가기 위해, 책 추천 방송을 하기 위해 책을 늘 읽어야 하니 다량의 책을 빠르게 읽고 파악하는 게 일상이 됐어요. 누군가는 많은 책을 읽을 수 있

---

*학교나 도서관 등에서 도서 대량 주문을 받고 한 번에 처리하는 일을 의미.

으니 부럽다고도 하는데, 가끔 책의 전체적인 내용은 알겠는데 다시 봤을 때 '이런 내용이 있었나?' 하는 때가 있어요. 책을 더 집중해서 읽고 싶어요. 그걸 못하고 있어요. 그런 점이 아쉽죠.

요즘 일과 삶의 균형을 찾아 지방살이를 꿈꾸는 이들도 많습니다. 지방에서 살아 보고 싶거나 다시 고향으로 돌아가고 싶다고 생각하는 분들에게 어떤 이야기를 해 주고 싶어요?

본인이 어떤 성향을 가진 사람인지를 아는 게 가장 중요한 것 같아요. 저도 처음에 자기 검열을 많이 했다고 했잖아요. '내가 이걸 할 수 있는 사람인가?' 하는 생각을 해 봐야 하고요.

그리고 그것만큼 중요한 건 지방살이를 고민할 때 따져 봐야 할 게 많다는 점을 놓치지 않는 거에요. 예를 들어, 지역에 오면 일단 일자리도 없고, 물가도 비싸요. 사람과의 관계에서도 어려운 부분이 많을 거예요. 특히 이주민의 경우 처음에 '뭐 하나 물어볼 데도 없다.' 이런 말이 절로 나올 거고요. 하지만 이런 하나하나를 도장 깨기하듯 즐기는 사람이면 좋을 것 같고, 그런 걸 즐기지 못하는 사람이라면 너무 힘들 것 같아요.

또 하나 꼭 하고 싶은 말을 덧붙이자면, '사실은 굉장히 녹록지가 않다.'라고 말하고 싶어요. 도시에서 제주를 포함한 지방을 바라보면 왠지 여유로울 것 같고 거기 가면 다 편할 것 같다고 생각하잖아요. 저의 경우에 이곳이 아닌 외국의 휴양지를 생각할 때 떠올리는 이미지와 같죠. 하지만 막상 들여다보면 그 속에서 살아가고 있는 사람들은 굉장히 치열하게 사는 중이에요. 밖에서 제주를 바라보는 분들에게, "여기서 저희는 치열하게 살고 있다."고 말하고 싶어요.

그러니 제주를 포함한 지방에 가면 또 다른 어려움에 봉착할 수 있다는 것을 알고, 본인이 그런 것들을 주도적으로 헤쳐 나갈 수 있는 사람인지를 아는 게 중요할 것 같아요. 회사에서 주어진 일, 정해진 일, 누군가가 시킨 일을 하고 나머지 시간을 즐기는 게 잘 맞고 좋은 사람도 있잖아요. 본인이 보내는 시간을 본인이 주도적으로 하는 일로 채우고 싶고, 그러면서 환경적으로 푸릇푸릇한 곳에서 하고 싶다면 빌딩 사이가 아니라 제주나 지방에 와서 하면 재미있을 거예요.

본인의 경우에, 나고 자란 고향이 아닌 제3의 다른 지방에 갔으면 어땠을 것 같아요?

저의 경우에는 완전 새로운 곳에 가서 낯선 사람들과 능숙하게 즐기면서 관계를 맺으며 살아가기는 힘들었을 것 같아요. 하지만 고향으로 왔으니, 기본적으로 주위에 가족이나 원래 알던 사람들이 있어요. 새로운 사람들과 관계를 맺는 데에 능숙하지 않아도 큰 문제가 되지 않아요. 고향이 아닌 제3의 다른 곳으로 갔다면 저는 오래 못 견뎠을 거예요. 성향상 그곳에서도 시도는 해 봤겠죠. 일단 해 보고 싶으면 무조건 해 보는 편이니까요. 하지만 '해 보니 생각보다 어렵네? 그래 이제 여기서 그만두자.' 하고 또 다른 일을 찾았겠죠.

고향에 와서도 일을 하다 보면 생각지도 못한 막막한 일들을 맞닥뜨리게 돼요. 지금도 여전히 지인들의 도움을 많이 받고 있거든요. 그런 관계에서 얻는 도움이 너무 큰데, 제 성격으로는 완전 새로운 곳에 가서 그런 관계를 만들고 힘을 얻기는 어려웠을 거예요. 저는 저를 잘 아니까 이런 이야기도 할 수 있는 것 같아요. 그러니 누구든 본인이 어떤 사람인지 아는 게 필요하다고 말하고 싶어요.

책방지기의 하루가 궁금해요.

아침 8시쯤 느지막이 일어나요. 그리고 근처 사는 조카를 만나 조금 놀아 주고 아침 먹이고 유치원 보낼 준비를 돕다가 책방 여는 시간인 10시 이전에 책방에 와서 환기, 청소, 책 정리 등 오픈 준비를 해요. 오전 내내 주문이나 예약 처리 등의 일을 정신없이 하고요.

거기까지 하고 커피 한 잔을 마시는데 그 시간이 하루 중 제일 행복해요. 그리고 큐레이션 관련 일을 하다가 점심을 먹고 나면 오후 2시쯤이 돼요. 그때부터 강의 준비, 행사 준비 등 기획부터 홍보, 모객까지 다양한 일을 해요.

늘 해야 할 일이 쌓여 있어요. 행사가 있으면 포스터도 만들어야 하고 출력해서 도서관이나 책방에 갖다 붙이고, 참여자들에게 안내도 하고, 그 와중에 배송이 늦는 게 있으면 유통사나 택배사에 전화도 하고요. 그러다 보면 저녁이 너무나 빨리 와요.

오전 업무를 마감하고 오후 업무 전 잠깐 커피 한 잔 마시는 시간이 가장 행복하다고요. 직장인들도 점심시간을 제일 좋아하잖아요. 비슷하네요. 여유란 누구에게나 힘든 것 같아요.

하나도 여유롭지 않아요. 그리고 책방 문을 저녁 6시에 닫으면 저녁엔 또 글 쓰고 공부하고, 낮에 일하느라 못한 기획을 하거나 자료를 찾아보기도 하고요. 밤과 책방 휴무일에도 일은 이어져요.

현재 시점 가지고 있는 고민은 무엇인가요?

2층을 북스테이로 준비하고 있으니, 인테리어를 해야 해요. 현실적으로 그게 가장 고민이죠. 정말로 시간이 없는 게 가장 큰 문제예요. 새로운 한 해와 분기별 운영에 대한 계획, 기획도 해야 하고요. 한 명만 더 있으면 좋겠다는 생각을 늘 하지만 그건 현실적으로 쉽지 않아요.

일하다가 번아웃이 오거나 스트레스를 받으면 어떻게 풀어요?

별다른 게 없어요. 책에 싸여서 일하지만 힘들 땐 또 저를 위한 책을 읽어요. 책 읽는 행위가 편안한 행위는 아니잖아요. 그래서 극비수기에 완전히 휴식을 할 수 있는 시점이 되면 책방 문을 닫고, 휴대폰을 끄고 떠나서 확 쉬어요. 1년이라는 시간 단위로 봤을 때 쉴 수 있는 시간이 정말 한정적이니 일주일이나 열흘, 마음먹고 미리 책방 문 닫는다는 공지를 하고 쉬는 걸 매년 한 번씩 하는 거죠.

본인을 위해 현재 읽고 있는 책은 무엇인가요?

지금 읽고 있는 책은 『페미니스트, 퀴어, 불구』, 『'위안부', 더 많은 논쟁을 할 책임』 등이에요. 편안한 책은 아니지만 어쨌든 제가 좋아하는 분야의 책이니까 저를 위해 읽고 있어요.

이주민 중에는 제주 원주민과 화합하기가 어렵다고 이야기하는 분들이 많아요. 이주민이 원주민들과 가까워지려면 어떻게 해야 할까요?

타지에서 온 분들이 "여기 너무 좋아서 살고 싶은데 사람들이 어렵다."라고 제게 말하는 경우가 있어요. 그러면 저는 구체적으로 무엇이 어려운지 물어봐요. 저도 타지 생활을 해 봤으니까 중간적인 입장에서 이야기해 드릴 수 있을 것 같아서요. 흥미로운 지점은 어떤 지점이 어려운지 구체적으로는 설명을 못 하신다는 점이에요.

제주 사람들을 단순히 '친절하지 않다.'라고 하기에는 적합하지 않지만, 제주 사람들의 언어와 말투가 그렇게 느껴질 수 있을 것 같아요. 예를 들어, 겨울이 되면 어디든 귤이 많아요. 책방에도 귤이 있는데, 누가 왔을 때 "이거 우리 집에서 딴 귤인데 좀 드셔 보실래요?"라고 이야기한다면 친절하게 느껴지겠죠. 하지만 여기 원주민들은 같은 마음, 같은 의미이지만 이렇게 말해요. "먹으라게. 그거 먹어, 저기 이서. 갖다 먹으라게." 직선적이고 투박하게 느껴지는 말투가 불친절하게 읽힐 수 있겠다는 생각이 들어요.

거꾸로, 제가 대학 때 제주 외 지역의 사람들을 처음 만났을 때를 이야기하고 싶어요. 다른 지역 사람들이 제주 사람인 제게 말을 걸어오면 저는 그게 너무 낯간지럽고, 심지어 저는 '다 나를 좋아하는 건가?' 착각할 정도로 이질감을 느꼈어요. 이렇듯 말투가 다르니까 생기는 오해와 이질감이 분명히 있을 거예요.

또한 저는 이주민들에게 늘 제주 역사나 문화 관련한 책을 꼭 한 번 읽어 보라고 말하곤 해요. 역사와 문화를 알면 이해하기가 한층 쉬워지니까요. 제주에 배척하는 문화가 있다는 점은 저도 동의하는데, 4.3 사건의 영향이 큰 것 같아요. 당시에는 손가락질 하나만으로도 내 가족과 이웃이 낯선 사람들에게 죽임을 당했어요. 그 시대를 겪은 사람들이 아직 있고, 그 시대 이야기를 들으며 영향받은 다음

세대도 있죠. 그러니 외부에서 온 사람을 배척하는 자세가 다소 있을 수도 있겠다고 이해할 수 있지 않을까요?

이주민들이 이 지역에서 단순히 여행이나 소비하는 게 아니라 이곳에 발 딛고 함께 살아가는 거라면 이곳 사람들의 문화와 생활 양식, 역사 등을 먼저 이해해 볼 필요가 있다고 생각해요. 그리고 원주민 사이에도 요즘엔 '우리도 노력해야 한다.'라는 인식이 많이 생겨나고 있어요. 서로가 노력해도 늘 간극은 있겠지만, 조금씩 희석될 거라고 생각해요. 개인적으로는 '이주민(혹은 외지인)'과 '원주민'이라고 이분화해 지칭하고 경계를 나누는 것 자체가 조금 불편하기도 해요.

제주에서 장기적으로 살면서 본인의 일을 하려고 할 때 꼭 '이것만은 각오해라, 이것만은 준비해라.'라고 이야기해 주고 싶은 것이 있나요?

현실적으로 "3년 동안 버틸 자금은 들고 오세요."라고 말하고 싶어요. 3년 동안은 계속 쓸 생각으로 있어야 하고, 3년이 지나면 지역 분들도 조금씩 알아주기 시작하고 관계도 생기면서 그 관계에서 오는 도움이나 재미가 생겨요. 그렇게 연결되면서 일이 확장되고 경제적으로도 나아져요. 사람마다 어떻게 시작하고 해 가는가에 따라 다르겠지만 제 경우에는 그랬어요. 무언가를 시작하자마자 '장사가 잘 되지 않고, 생각보다 뭐가 없네?' 하면서 많은 분들이 떠나가는데요, 3년 동안은 버틸 생각을 하고 오면 조금 다르지 않을까 싶어요.

3년이라는 시간은 책방 운영이 안정화되는 데 걸린 시간인가요?

'이제는 안정적이다.'라고 말을 하기가 여전히 쉽지 않지만, 저의 경우에는 3년이 지나고 나니 통계치가 생겼어요. 1, 2년 차에는 어떤 통계치가 없어요. 3년을 운영하니 이제는 시즌마다 책방 방문자 수나 운영 결과가 눈에 그려지고, 어떨 때 사람들이 책을 더 많이 사는지 등의 동향 분석이 저절로 되더라고요. 분석이 되면 대비가 되고, 대비가 되면 조금 더 운영을 효율적으로 할 수 있게 되니까 이제 '어느 정도는 하겠구나.'라는 걸 알아요.

안정적으로 운영해 갈 수 있는 노하우가 3년 차에는 생긴다는 것으로 이해할 수 있겠어요. 앞으로의 목표와 계획은 무엇인가요?

'어나더페이지'가 자리 잡은 서귀포시 대정읍에는 국내 이주민뿐 아니라 국외의 이주민, 즉 외국인도 많아요.* 그래서 '어나더페이지'는 이주민들이 원주민들과 함께 호흡할 수 있는 재미있는 공간이 되면 좋겠어요. 그것을 위해 조금씩 책방 활동을 넓혀 가고 싶어요. 제가 하고 싶은 이야기(환경, 로컬, 다양성)와 사람들이 좋아하는 이야기 사이에 균형을 잘 잡는 것 또한 하나의 목표이고요. 책을 매개로 해서 다른 세계의 문을 열어 줄 수 있도록 서가를 확대하고, 책방 프로그램을 꾸준히 진행할 거예요.

---

* 제주특별자치도는 제주시, 서귀포시로 나뉘는데, 서귀포시 내 읍면동 중 대정읍이 외국인 인구수 약 1,950명으로 가장 많다. (2025년 2월 서귀포시 인구 현황 기준)

이곳에 발 딛고 함께 살아가는 거라면
이곳 사람들의 문화와 생활 양식, 역사 등을 먼저
이해해 볼 필요가 있다고 생각해요.

찰쓰투어
양성철

힘든 시기는 잘될 때를 준비할 시간일 뿐

사람마다 저마다의 정체성이 있듯, 지역에도 고유한 정체성이 있다. 제주를 대표하는 정체성은 단연 '국내 No. 1 관광지'이다. 제주에서 원데이 투어 전문 여행사를 운영하며 직접 기사와 가이드를 하는 분이 있다는 이야기를 들었을 때, '여행 전문가나 제주 토박이가 하는 건가?'라는 첫 번째 궁금증이, 렌터카와 자유 여행이 대세인 요즘 '이게 될까?'라는 두 번째 질문이 따라왔다. 궁금증을 해결하기 위해 만난 '찰쓰투어(Charlestour)'의 양성철 대표. 그는 부산에서 경호원으로 20대를 보냈다. 제주 출신도 아니었다. 첫 번째 질문의 답은 '아니오'. 새로운 일을 해 보겠다고 생각하기까지 걸린 시간 단 5일, 부산으로 돌아가 회사를 그만두고 제주로 이주하기까지 걸린 시간 2개월. 빠른 결정과 실행력을 가진 그가 제주에서 '찰쓰투어'를 10년째 운영하며 삶을 꾸려 가고 있다는 점에서 '이 사업이 가능할까?'라는 두 번째 궁금증에 대한 답은 '예'다.

10년 동안 여러 위기가 있었지만, 그는 그때마다 더욱 단단해졌고 '찰쓰투어' 기획 상품은 한층 더 빛을 발했다.

제주에서 하는 일을 중심으로 본인 소개해 주세요.

제주에서 원데이 투어 전문 여행사 '찰쓰투어(Charlestour)'를 운영하는 양성철입니다. '찰쓰투어'는 제가 제주에 와 지내게 되면서 2년간 게스트하우스를 운영한 적이 있는데, 그때 도보 여행객들을 만나면서 구상했어요.

제주에 여행 왔는데, 교통, 날씨 등 여러 이유로 여행을 제대로 하지 못하는 사람들을 보면서 제가 좋은 추억을 만들어 줄 수 있겠다고 생각한 것이 발전해 지금의 '찰쓰투어'가 되었습니다.

16인승 차를 타고 최대 15인과 함께 다양한 테마가 있는 하루, 혹은 1박 2일 코스로 여행합니다. 제가 직접 운전하고 안내하면서 사진도 찍어드리고 있어요. 합리적인 가격으로 한 해에 스무 개가 넘는 다양한 투어 상품으로 여행자들을 만나고 있습니다.

'찰쓰투어'의 시작 전, 그보다 더 멀리 제주에 오기 전으로 가 보겠습니다. 제주에 오기 전에 어디에서 무슨 일을 했나요?

저는 부산에서 나고 자랐어요. 그리고 스물하나의 나이에 경호 일을 하면서 일찍 사회 생활을 시작했어요. 그 일은 화려한 스펙도 필요치 않았고, 헌병대를 전역하고 나서 제가 잘할 수 있는 일을 찾다가 자연스레 시작한 일이었어요. 그렇게 우연히 시작한 일이었는데 하다 보니 재미있었고 제대로 해 보고 싶어서 경호학과로 대학 진학을 하기도 했어요. 그렇게 저는 20대를 경호원으로서 꽤 만족하며 보냈어요.

만족스럽게 약 10년간 일을 잘해 오다가 그만둔 이유는 뭔가요?

현장에서도, 나중에는 관리직으로도 만족스럽게 일했어요. 하지만 스물한 살에 시작해 10년간 같은 일을 하다 보니, 문득 '이 일이 아니면 나는 할 줄 아는 게 없는 사람이 되는 게 아닐까?' 하는 생각이 들기 시작했습니다. 건강한 몸 하나로 할 수 있는 일이긴 하지만, 만약 아프거나 다쳐서 이 일을 계속할 수 없게 된다면 나중에는 뭘 할 수 있을지 막막한 느낌이 들었죠. 경험이라곤 그것 하나뿐인데…. 다양한 경험이 없다는 사실이 점점 저를 불안하게 만들었어요. 그래서 완전히 새로운 환경에서, 한 번도 해 보지 않은 일에 도전해 보고 싶다는 생각이 들었습니다.

새로운 환경에서 도전하기 위해, 작정하고 제주로 온 거예요?

꼭 그런 건 아니었어요. 고민이 한창일 때 머리를 식힐 겸 제주로 4박 5일 여행을 왔어요. 게스트하우스에 묵으면서 사장님과 이런저런 이야기를 나누게 됐죠. 그곳은 꽤 규모가 큰 게스트하우스였고, 매일 밤 파티가 열렸어요. 숙소와 별도로 마련된 식당 건물이 있었는데, 그 공간은 낮 동안에는 전혀 사용하지 않고, 밤에 파티가 열릴 때만 활용하고 있더라고요. 사장님께 물어봤어요. "이 공간을 임대 주시면 한 달에 얼마 정도 받으실 거예요?"라고요.

게스트하우스에서는 조식을 제공하지 않았어요. 숙박객들이 밤새워 파티를 즐기고 아침 늦게까지 잠을 자곤 했으니까요. 하지만 아침 일찍 그곳을 올레길 여행객들이 자주 지나갔어요. 숙박객 중에도 섞여 있었고요. 그런 분들이 식사를 거른 채 떠나는 모습을 보며

문득 생각이 들었어요. '사용하지 않는 이 공간에서 조식이나 도시락을 판매하면, 용돈도 벌면서 제주에 좀 더 오래 머물 수 있지 않을까?' 하고요.

그런 마음으로 가볍게 이야기를 꺼냈는데, 사장님이 "임대고 뭐고 필요 없고, 전기세랑 가스비만 내고 쓰세요."라고 하셨어요. 그 말에 저는 "알겠습니다. 한두 달 후에 다시 올게요."라고 답하고, 일단 다시 부산으로 돌아갔어요.

제주 게스트하우스에서 4박 5일을 보내고 부산으로 돌아간 후, 어떤 일이 있었나요?

그런 이야기를 나누고 부산으로 돌아갔는데, 문득 '나에게도 떠나서 갈 수 있는 곳이 한 군데 생겼구나.' 하는 생각이 들었어요. 그리고 오랜 시간 해 온 일을 정리할 결심이 섰어요. 게스트하우스 사장님과 나눈 조식이나 도시락 판매 이야기를 곰곰이 생각해 보니, 요리해야 하더라고요. 하지만 문제는 제가 요리에 대해 아무것도 모른다는 점이었어요. 그래서 10년간 해 왔던 경호 일을 정리하고 가장 먼저 한 일이 요리 학원 등록이었어요. 요리 학원에 다니면서 한식 조리사 자격증을 땄죠. 그리고 두 달 후, 배낭 하나 메고 다시 제주로 왔어요.

게스트하우스 사장님께 했던 말을 실행에 옮긴 거군요. 그럼, 제주에 도착하자마자 "자, 여기서 영업을 시작하겠습니다!" 하셨어요?

아니요. 혹시나 모를 준비로 한식 조리사 자격증을 따긴 했지만, 그때도 작정하고 제주로 돌아온 건 아니었어요. 게스트하우스 사장님께 "잠깐 여행하고 갈 수도 있고, 조금 길게 있을 수도 있어요." 하고 들어갔죠. 그리고 정말 제가 음식을 만들게 되면 제가 만든 음식을 사람들이 먹을 수는 있어야 하니까 한식 조리사 자격증 하나 따고 왔다고 했을 뿐이에요.

게스트하우스 사장님은 어떤 마음이셨대요? 그리고 정말 다시 돌아왔을 때 반응은 어땠나요?

처음에는 제가 했던 말을 가볍게 들으셨대요. 많은 사람이 오가며 하는 말 중의 하나라고 생각하셨던 거죠. 정말 다시 돌아올 거라고는 예상하지 않으셨대요. 그런데 제가 부산으로 돌아가 회사를 그만두고 한식 조리사 자격증까지 따서 오니 '뭐 이런 놈이 다 있나?' 싶으면서도, '이놈 진짜 하겠구나!' 하는 생각이 드셨대요.

다시 돌아왔을 때, 사장님께서 뜻밖의 제안을 하셨어요. 게스트하우스를 8년간 운영하다 보니 지치기도 하고 흥미가 떨어졌는데, 저에게 한번 맡아서 해 보지 않겠냐고요. 1년 이상 책임감 있게 운영해 주면 좋겠고, 운영 수익은 절반씩 나누자고요. 그 말을 듣고 저는 '내가 손해 볼 건 하나도 없겠다.' 싶었어요. 장사가 잘되는 곳이었고, 규모도 커서 많게는 100명까지도 손님을 받을 수 있는 곳이었으니까요. 그래서 이렇게 대답했어요. "제가 오늘 왔으니까, 내일 하루만 놀고 모레부터 시작할게요."

타임라인이 아주 짧은 것 같아요. 제주에서 뭔가를 해 보겠다고 생각한 4박 5일, 부산에 돌아가 회사를 관두고 다시 제주에 오기까지 2개월, 그

리고 갑작스러운 제안에 가진 쉼표의 시간 '단 하루'.

원래 고민을 길게 안 하는 편이에요. 그리고 사장님의 제안은 제가 손해 볼 거 없는 것이었으니까 어려울 게 없었어요. 그래서 하루 쉬고 다음 날부터 바로 했어요. 그 후로 약 2년간 게스트하우스를 운영했어요.

10년간 해 온 일을 그만두고 다양한 경험을 해 보겠다는 소기의 목표로 시작한 제주살이에서 게스트하우스 운영까지 하게 되었는데, 2년 정도 하고 그만하신 이유는 뭔가요?

참 재미있었어요. 밤마다 파티를 열고 새로운 사람들을 끊임없이 만났죠. 하지만 거의 2년 동안 온 힘을 쏟아 운영했음에도, 결국 온전한 내 것이 아닌 데서 오는 한계를 느꼈어요. 그러면서 '작더라도 진짜 내 것을 하고 싶다.'라는 생각이 점점 커졌어요.

그럼 '내 것'을 어떤 모양으로 구상할 수 있었어요?

그런 생각을 할 때쯤, 여행객들을 만나면서 그들의 불편함을 직접 알게 됐어요. 바람이 많이 부는 날은 바람 때문에, 비 오는 날은 비 때문에, 버스 배차 간격이 길어 시간을 맞추기 어려워서 등의 이유로 여행에 대한 만족도가 낮더라고요. 제가 그들을 데리고 다니면서 여행을 도와주면 좋겠다고 생각했어요.

저는 제주에 오자마자 게스트하우스를 운영하느라 숙소에만 머물러야 했어요. 어디든 나가기만 해도 좋겠다고 생각했는데, 정작 여행객들은 불편함을 겪으며 만족스럽지 않은 여행을 하고 있었죠.

결국 게스트하우스를 정리한 후, 태국과 라오스를 한 달간 여행하며 지금의 '찰쓰투어' 형태를 계속 고민했어요. 그리고 제주로 돌아온 뒤 직접 답사 다니면서 여행 코스를 개발해서 원데이 가이드 투어를 준비하게 된 거죠.

동남아 여행을 하고 제주로 돌아온 후 투어를 준비해서 "모객을 시작합니다!"라고 하기까지 얼마나 걸렸나요?

두 달 정도요. 저는 굉장히 단순하게 생각했어요. 성산읍에 게스트하우스나 호텔, 펜션들이 넘치게 많았어요. 대충 세어도 200군데 이상이었죠. 숙박업소에서 이런 투어가 있다고 숙박객에게 소개를 한 번씩만 해 줘도 모객은 어렵지 않게 될 거라 생각했거든요. 물론, 잘못된 생각이었습니다. (웃음)

초기에 '찰쓰투어'의 투어는 어떤 방식이었고, 홍보는 어떻게 했나요?

게스트하우스 일을 정리하고 태국과 라오스 여행을 갔을 때 그곳에서 활발한 현지 투어를 경험했어요. 묵는 숙소에 와서 픽업해 주고, 현지 투어를 하러 갔다가 투어가 끝나면 다시 숙소로 데려다주는 형태였죠. '이런 방식이 제주에서도 먹힐까?' 하는 생각을 했어요. 제주로 돌아와서, 제가 살고 있는 성산읍 주변에서 시작했는데 숙소마다 픽업 가고, 투어 끝나면 숙소까지 다시 태워다 드리는 형태였죠.

홍보는 직접 두 발로 뛰어다니며 했어요. 계절별 원데이 여행 코스를 담은 전단을 만들어 성산읍 내 숙박업소를 일일이 찾아가 매 계절 전단과 명함을 뿌렸어요. 그리고 성산읍에 유명 관광 명소인 섭지코지가 있어요. 그런데 도보 여행객들이 버스에서 내려 섭지코지 탐방로까지 가려면 꽤 먼 거리를 걸어야 하거든요. 그래서 명함을 잔뜩 챙겨 그곳으로 갔죠. 섭지코지로 가는 길에서 여행객들을 직접 만나려고 차로 그 길을 수없이 왔다 갔다 했어요. 걷고 있는 여행객들을 보면 "태워드릴까요?" 하며 다가가 투어를 직접 소개하고 명함을 건넸어요. 그렇게 여행객 한 분 한 분 직접 만나고 대화 나누며 알렸습니다.

그때 주위의 반응은 어땠어요?

영업하러 간 숙박업소에서 "젊은 친구가 참 열심이다." 하면서 격려해 주시는 분이 있는가 하면, 잡상인 취급을 하는 곳도 많았어요. 제주에서 지내며 알게 된 주위 분들은 하나같이 "잘 안될 거다."라며 걱정하셨어요. 게스트하우스를 운영하면서 그 숙박객을 상대로 하는 거면 몰라도, 게스트하우스 운영을 그만하는 마당에 이런 투어를 한다고 하니 당장에 모객을 어떻게 할 거냐고요. 그런 식으로 하다가 금방 문 닫게 될 거라고요. 진심 어린 걱정이었어요.

하지만 저는 생각이 조금 달랐어요. 제가 게스트하우스를 하면서 동시에 투어를 운영하면 도리어 주변 숙박업소에서는 숙박 손님을 뺏길까 봐 투어를 소개하지도, 고객을 보내 주지도 않을 거라 예상했거든요. 숙박업은 숙박을, 여행업은 여행을 해야 한다는 생각이었죠. 그리고 주위에서 하나같이 "잘 안될 거다."라고 하니까 오기가 생겨서 어떻게든 되게 해 보려는 마음이 커서 막무가내로 더 열심히 한 것 같아요. 하지만, 그렇게 막무가내로 하면 안 된다고 지금은 말하

고 싶네요. (웃음)

'찰쓰투어'의 첫 투어 날, 기억하시죠? 첫 투어를 정해 두고, 당시 가장 풀리지 않은 문제는 무엇이었나요?

첫 투어 일은 2015년 3월 16일이었어요. 가장 큰 문제는 역시 모객이었고요. 투어 전날까지 5명이 모객됐는데, 다섯 분 중 두 분은 나이가 좀 있는 신혼부부였어요. 성산의 한 호텔에서 택시 관광을 찾으시는 분에게 호텔 지배인님이 저를 소개해 준 거였어요. 그리고 나머지 세 분은 제가 게스트하우스 운영할 때 만난 손님들이었는데, 제가 새로운 일을 한다고 하니까 도와주는 셈 와 주신 거였어요.

'찰쓰투어'를 시작할 시점에 개인적, 사업적 목표는 무엇이었나요?

그때는 그게 '사업'이라는 개념조차 없었어요. 여행자들과 같이 제주 여행을 다니면서 돈까지 벌면 재밌고 참 좋겠다는 단순한 생각으로 시작했으니까요. 물론 단순하게 생각했으니 빨리 시작할 수 있었던 건 분명하지만, 그렇게 시작했기에 돌아보면 후회가 좀 많이 돼요. 사전 준비가 부족한 채 시작했다는 점이요.

만약에 지금 그 시점으로 다시 돌아갈 수 있다면, 그때로 돌아가 어떤 준비를 더 하시겠어요?

사전 홍보를 많이 하고 싶어요. 무작정 전단이나 명함을 뿌리기보다는 마케팅 관련 강의도 미리 듣고, SNS 계정도 미리 만들고요. 제가 어떤 것을 하려는지 사람들이 상상할 수 있도록 준비하는 과정부터 하나하나 보여 주면서 시작했으면 얼마나 좋았을까요? 그런 과정을 기록했다면 그걸로 자연스레 사전 마케팅, 홍보가 되어 초반에 좀 더 순탄하게 잘되었을 것 같아요

회사 밖에서, 해 오던 일이 아닌 새로운 일을 할 때 본인에게 가장 중요했던 건 무엇인가요?

노후를 위한 장기적인 계획까지는 아니었지만, 조금은 먼 미래에 대한 기대감이었어요. 서른이 되어 제주에 온 또 하나의 이유가 바로 그것이었죠. 당시 하던 일을 지속한다면, 십 년 후 재미없는 40대를 맞이하게 될 것 같았어요. 그래서 새로운 일을 시작해야겠다고 생각한 거죠. 그러면 재미있는 40대를 맞이할 수 있을 테니까요.

'찰쓰투어'를 운영한 지도 어느덧 10년(2015년~현재)이 되었는데요. 어떤 고민을 하고 계세요?

앞으로 10년 후까지도 혼자서 해 나가는 지금의 방식으로 지속하는 게 괜찮을지 고민 중이에요. 여행객을 직접 만나고 안내하면서 제가 가진 지식과 정보를 전달하는 일이 너무 즐겁지만, 혼자서 지속적으로 이 모든 것들을 계속해 나갈 수 있을지 고민이에요.

10년간 지속해 올 수 있었던 건 끊임없이 찾아오는 고객이 있었다는 거고, 그건 또 고객들의 만족도가 높았다는 이야기겠죠. '찰쓰투어'의 매력은 무엇인가요?

지금도 '요즘 누가 제주에 가서 투어를 하냐?' 하는 생각을 하는

분들이 있을 거예요. 근데 처음 시작했던 때와 비교하면 지금은 인식이 많이 나아진 편이에요. 그때는 "데리고 가서 말 뼛가루 팔고 그런 거 아니냐?" 하는 얘기가 나올 정도였어요. 하지만 지금은 도슨트, 큐레이터, 가이드라는 직업이나 프로그램에 대한 경험과 정보가 많아지다 보니 이미지가 많이 달라졌죠.

'찰쓰투어'의 경우, 재방문자가 많습니다. 많이 오신 분 중에 60번 이상 오신 분도 있고요, 40, 50번씩 오시는 분도 있어요. 매 계절 모든 투어를 다 하고 가시는 정도죠. 합리적인 가격에 다양한 투어 상품이 있다는 게 강점 같아요.

초기에 성산읍의 숙소에 전단과 명함을 직접 뿌리면서 알렸던 방식에서 지금은 어떻게 바뀌었나요?

그 방식으로 5년 이상 했어요. 계절마다 코스 표가 나오면 뿌리고 다녔고요, 실제로 한 번 코스가 나올 때마다 100군데 이상 직접 다니면서 알렸어요. 석 달에 한 번씩 계절이 바뀌니 그 시기도 금방금방 찾아왔죠. 투어를 멈추고 그런 작업을 하는 날을 따로 빼야 했는데 그렇게 반복하다 보니 비효율적이었어요.

그래서 점점 온라인 홍보에 집중하게 됐어요. 블로그, 인스타그램을 활발히 해요. 홍보 전단 경우에 초기에는 매 계절 코스 표를 새롭게 넣어 매번 다시 출력해 썼다면, 지금은 큐알 코드를 넣어서 그걸 통해 현재 진행되는 투어 코스를 언제든 바로 확인할 수 있게 바뀌었어요. 온라인과 오프라인 홍보를 병행하면서 점점 모객이 용이하게 됐어요.

고객들은 어떤 통로로 '찰쓰투어'를 만나러 오나요?

입소문을 통해 오는 고객이 제일 많고, 그다음은 온라인을 통해 오는 신규 고객들이에요.

'찰쓰투어'를 해 오면서 가장 힘들었던 순간이나 시기는 언제였나요? 혹 '이거 안 되겠다. 다른 일을 해야겠다.'라고 고민한 적은 없나요?

실제로 다른 일을 한 적이 있어요. 이 일을 괜히 했다는 후회를 해서 다른 일을 한 건 전혀 아니었고요. 사전 홍보 없이 무작정 시작하다 보니 겨울 비수기에 정말로 투어가 단 한 건도 잡히지 않았어요. 그래서 그때 광어 양식장에서 단순 노동일을 했죠. 비수기를 그렇게 버티면서 나려고 했던 거예요.

그런데 힘들고, 무경험자에게 위험하기도 한 그 일을 해 보니, '하루에 10만 원 벌기 위해 이 힘든 일도 하는데, 조금 더 열심히 모객하는 데 집중하면 투어만으로도 먹고살 수 있지 않을까?' 하는 생각이 들더라고요. 그래서 양식장 일을 딱 한 달 하고 관뒀어요. 내가 하고자 했던 일을 더 제대로 해 보자는 마음을 먹고, 코스를 더욱 다양하게 만들면서 시도하고 홍보도 열심히 하게 됐어요.

제주에서 외지인이, 여행업과 관련된 경력도 없는 사람이 일을 시작할 때 겪은 어려움이 있었을 것 같아요.

제가 개인 사업을 한 번도 해 본 적이 없다 보니 처음에 사업자 등록 같은 개념도 모르고, 가진 차 한 대로 시작했어요. 그런데 시작하자마자, 누군가가 민원을 넣었어요. 그래서 시작하고 한 달 뒤에서야 사업자 등록이라는 걸 알고 하게 됐죠. 워낙 전단을 뿌리고 다니니까 눈에 띄었나 봐요. 그때, 이왕 하는 거 하나하나 갖춰 가면서 제대로 해야겠다고 생각하게 되었죠.

당시 제주에 '찰쓰투어'와 같은 방식으로 하는 업체들이 있었나요?

저처럼 운영하는 곳은 없었어요. 저는 개별 여행자들을 직접 모집해 함께 투어를 진행하는 방식인데, 보통은 개인이나 커플, 소규모 단체가 차량 전세를 하거나, 택시 투어로 하루 종일 다니는 형태가 일반적이었죠. 제 방식이 쉽지 않은 형태인 건 분명하지만, 낯선 여행자들이 만나 친해지고 새로운 추억을 만들어 가는 과정이 저는 굉장히 재미있었어요. 그 즐거움을 경험하고 좋았기에 고객들도 다시 저를 찾아 주고 있고요. 나이가 들수록 새로운 사람을 만나거나 친구 사귀기가 점점 어렵잖아요. 그런데 제주에서 여행하며 그런 기회를 얻는 것이 신선하게 받아들여진 것 같아요.

제주를 여행하는 하나의 새로운 방식을 제주 여행 시장에 제시하신 셈이에요. 이후에 비슷한 경쟁업체들이 생겨났을 거 같은데요?

비슷한 업체들이 생기기 시작했어요. 직접 '찰쓰투어' 서비스를 경험하고 가신 분이 비슷하게 만들어 운영한 경우도 있었고, 지인의 지인이 저의 이야기를 듣고 와서 조언을 구하기도 했어요. 사전 홍보부터 열심히 하는 게 좋을 거라는 의견을 드리기도 했죠.

그런데 비슷한 방식으로 하는 분들이 생겨날 때 또 다른 문제가 발견됐어요. 비영업용 차량으로 이런 활동을 하면 안 되는 거더라고요. 또 민원이 들어간 거죠. 그게 지금의 16인승 영업용 차량을 갖추고 제대로 '찰쓰투어'를 꾸려 가는 계기가 됐어요. 이렇게 저처럼 잘 모르고 그냥 시작하면 우여곡절을 많이 겪게 됩니다. 그런데 이런 게 있다는 것조차 모르고 시작했으니 예상할 수 있는 문제도 아니었어요.

민원이 제기된다는 건 '잘되고 있다.' 혹은 '앞으로 잘될 거 같다.'라고 보는 시선이 있다는 건데요.

당황스럽고 힘들었던 게 사실이지만, 긍정적으로 생각하기로 했어요. 인지도가 없었다면 아무도 민원을 넣지 않았겠죠. 그런데 민원이 들어간다는 건, 누군가가 신경 쓸 정도로 제가 잘해 나가고 있다는 증거라고 봤어요. 만약 절차적, 법적인 문제가 있는 상태로 이어져 왔다면 중간에 흐지부지되면서 끝났을 수도 있었을 거예요.

하지만 민원을 통해 개선이 필요한 부분을 알게 되었고, 그때마다 바로잡으며 성장해 왔습니다. 제가 처음에 제대로 알지 못한 채 시작했기 때문에, 그런 민원이 제기되는 건 어쩌면 당연한 과정이었죠. 그 후 대형 면허를 취득하고 영업용 차량을 마련하면서 지금의 '찰쓰투어' 모습을 갖추게 되었어요. 그리고 그때부터는 오롯이 홍보에 집중할 수 있었고, 더욱 열심히 해 나갈 수 있었습니다.

새로운 일을 시작하려 할 때, 절차나 요건을 찾고 준비하다가 그 과정 자체를 장벽으로 느껴 아예 시도조차 못하는 경우도 많습니다. 그런 분들이 "그래도 대표님은 그때 젊었고, 책임질 가족도 없었으니까 용감할 수 있었던 거 아닌가요?"라고 묻고 싶을지도 모르겠어요.

그렇지 않았어요. 영업 활동에 대한 두 번째 민원이 접수됐을 때, 결혼식이 두 달 후로 예정되어 있었어요. 개인적으로는 결혼 직전, 영업적으로는 관광 극성수기 직전이었죠. 그런데 어떡하겠어요? 민원 때문에 투어 차량을 쓸 수도 없고, 일도 못 하는 상황인걸요. 그래서 신혼여행을 한 달 다녀왔습니다.

지금의 아내, 당시의 여자 친구는 불안한 상황 속에서도 저를 믿어 줬어요. 저 역시 마찬가지였고요. 어떻게든 살아갈 방법은 있다고 생각했거든요. 애초에 제가 갑자기 제주로 여행을 떠나고, 두 달 만에 제주에 살러 가는 과정을 아내는 모두 지켜봤어요. 그리고 그런 과정을 통해 제가 해 나가는 모습을 봤기 때문에, 앞으로도 그렇게 해 나갈 거라고 믿어 준 것 같아요.

제주에 처음 올 때는 여자 친구를 두고 와 혼자였지만, '찰쓰투어'를 시작하고 2년 차에 결혼했고, 지금은 아이도 있습니다. 저는 어떤 상황이든 부딪치면 해결하면서 나아갔어요. 그리고 앞으로도 그렇게 할 수 있다고 저도 아내도 믿어요.

'찰쓰투어'에는 다양한 콘셉트의 투어 상품이 있는데요, 그중 특별한 기획 투어 몇 가지 소개해 주세요.

첫 번째 특별 기획 투어 상품은 '비틀비틀 맥주 투어'였어요. 제주 곳곳에 양조장이 있는데 여행하면서 방문하기가 쉽지 않아요. 운전을 해야 하니까요. 설령 운전해 줄 여행 메이트가 있어도, 함께 술을 즐기지 못하니 온전히 만끽하기가 어렵죠. 그래서 여러 양조장을 돌면서 마음껏 즐길 수 있도록 기획한 투어예요.

그리고 원데이(하루) 투어만 하다가, 1박 2일 투어를 처음 선보였는데 그 이름이 '서른세 시간(33시간)'이에요. 1일 차 아침 9시에 만나 2일 차 오후 6시까지 총 33시간 동안 낯선 여행자들이 함께해요. 이 투어의 특징은, 혼자 여행 온 1인 여행자만 신청할 수 있다는 거예요. 이처럼 다양한 타깃과 테마를 반영한 상품을 꾸준히 개발하면서, 현재 연간 20여 개의 투어 프로그램을 진행하고 있습니다.•

'서른세 시간' 투어는 신청할 수 있는 타깃을 한정해서, 스스로 모객에 더 큰 허들을 놓은 것 같은데요.

1박 2일 동안 함께하는 여행에서 1인 여행자와 일행이 있는 여행자가 섞이면, 혼자 온 분들이 소외감을 느낄 수밖에 없어요. 하지만 모두가 혼자라면, 소외감을 느낄 순간 자체가 사라지죠. 대신 서로 의지하고 대화하면서 새로운 경험을 만들어 갈 거라고 생각했어요. 그리고 실제로 운영해 보니, 예상보다 더 금방 친해지시더라고요. 그렇게 만난 분 중에는 여전히 연락을 주고받으며 경조사까지 챙기는 사이가 된 경우도 있어요. 그만큼 이 여행이 참여자들에게 특별한 경험이 되었다는 의미겠죠.

• '찰쓰투어'는 한 해에 20여 개의 투어 프로그램을 진행한다. 계절마다 계절적 특성에 맞는 투어를 기본으로, '제주도김밥투어', '제주도건축투어-안도 다다오 편, 이타미 준 편', '모녀에게만 허락된 여행-엄마의 시간', '섬섬투어-추자도 편, 우도 편', '띠동갑 친구들과 하는 띠띠투어', '베프투어', '일떡찰-일출 보고 떡국 먹고 찰쓰투어' 등 다양한 기획 투어가 있다.

이처럼 특정 타깃을 정해 기획한 투어가 몇 가지 있는데, 그중 하나가 성인 딸과 어머니로 이루어진 모녀만 신청할 수 있는 '엄마의 시간'이라는 투어예요. 이 투어를 기획하게 된 계기는, 제가 부산에 계신 부모님을 명절 때마다 뵈러 가는데, 그러다 보니 1년에 두 번 만나는 거더라고요. 그러다 문득, '부모님과 함께한 시간이 과연 얼마나 남았을까?'라는 생각이 들었어요. 그 생각에서 출발한 게 바로 '엄마의 시간' 투어입니다. 이름도 콘셉트도 그 질문에서 시작됐어요.

타깃을 분명히 한 것이 오히려 기획의 핵심이 되었네요. 좀 더 투어의 특색이 또렷해지게 된 지점인 것 같아요.

맞아요. 또 한 번은 친한 형이 중학교 입학을 앞둔 딸과 함께 제주에 여행을 왔어요. 그 형이 말하길, 딸이 사춘기가 되면 본인이랑 멀어질 거라, 아마도 이번이 딸과 단둘이 하는 마지막 여행일 거라고요. 그 이야기를 듣고 '아이의 시간'이라는, 사춘기 아이와 부모가 참여하는 여행을 기획했어요. 이런 식으로 끊임없이 기획하니 다양한 여행자들이 '찰쓰투어'를 찾아와 주고 있어요.

이런 기획력은 어디서 나오나요?

기본적으로 제주에서 살면서 직접 보고 경험한 것들이 자연스럽게 관심으로 이어지고, 그 속에서 다양한 상품이 기획된 것 같아요. 하지만 본격적으로 특별 기획 투어를 만들게 된 건, 두 번째 민원을 받은 직후였어요. 그때 '비슷한 업체나 가이드들이 나를 따라오지 못하게 하겠다!'라는 다짐을 했고, 그 다짐이 결국 기획력으로 이어졌죠. 즉, "기획력은 배고픔과 갈증에서 온다."라고 말하고 싶어요.

만약 다양한 기획 상품이 없다면, 고객들이 '찰쓰투어'를 다시 찾을 이유가 없을 거예요. 한 번의 투어에 만족한다고 해도, 새로운 상품이 없으면 다시 올 이유가 없는 거잖아요. 그래서 고객들이 다시 찾을 이유를 만드는 의미에서도 새로운 기획 상품을 지속적으로 선보이고 있습니다. 물론 이제는 코스를 보지도 않고 일정만 맞으면 예약하는 분들도 있어요. 하지만 결국 본질은 여행이니까요.

그리고 언제나 안정될 만하면 외부적 위기들이 찾아왔어요. 세월호 참사, 메르스, 코로나 팬데믹 등으로 매출이 꾸준히 이어지지 않자, 새로운 것을 시도하고 도전해야 한다는 마음이 더욱 강렬해졌죠. 그래서 계절별 꾸준히 운영하는 사계절 코스 외에도, 특별 기획 상품을 개발해 새로운 도전과 발전을 이어 가고 있습니다.

제주 투어 전문인데, '육지 투어 SAN - 강원도 원주 편'*도 있죠.

제주에서 꾸준히 진행 중인 투어 상품 중 '건축 투어'가 있는데 두 가지 테마로 진행됩니다. '안도 다다오'와 '이타미 준' 테마예요. 그리고 강원도 원주의 뮤지엄 산(SAN)이 바로 안도 다다오 건축물 중 하나예요. 2023년에 그곳에서 안도 다다오 개인전이 열려서 개인적으로 보러 갔는데 무려 12시간 반 동안 즐겼어요. 그걸로도 모자라

---

* '육지 투어 SAN - 강원도 원주 편'은 1박 2일 투어 상품으로, 뮤지엄 산에서 건축, 미술, 박물관 해설, 명상 등을 경험하고 오크밸리 천문 교실 및 계절별 원주 명소를 방문하는 투어 프로그램. 1일 차에는 뮤지엄 집중 프로그램을, 2일 차에는 그 계절을 느낄 수 있는 투어를 진행한다.

계절마다 가서 즐기고 싶어졌죠. 그래서 계절마다 그곳에 가는 상품을 만들어 버렸어요. 2023년 여름 이후부터 지금까지 매 계절 진행하고 있습니다.

제주에서 원주까지 가는 게 쉬운 일이 아니에요. 비행기 타고, KTX 타고, 차를 빌리거나 셔틀을 타고 가야 하는 멀고 힘든 길인데도 제가 제주에서도 이 정도로 가고 싶으니 다른 분들도 어디서든 오고 싶을 거라고 생각했어요. 건축에 대한 아무런 일가견이 없었는데, 제주에서 접하다 보니 관심이 가고 좋아하게 되어서 제가 파고들고 있는 분야이기도 해요. 일을 하면서 저도 제가 좋아하는 분야를 발견하고 좋은 취미를 찾은 셈이에요.

'찰쓰투어'를 이용하는 타깃 고객은 누구인가요?

애초에 제가 예상했던 주요 타깃은 20대 초반 대학생이었어요. 운전면허가 없거나 운전 경험이 부족하고, 택시보다는 버스를 이용하는 분들이라 제가 제공하는 서비스를 이용하기에 가장 적합하다고 생각했죠. 그런데 막상 서비스를 시작하니 가장 많이 이용하는 고객은 여성 직장인이었어요. 이유는 간단했어요. 여행 코스를 직접 계획할 시간이 부족한 분들이었죠.

지금은 고객층이 더욱 다양해졌어요. 연령대로 보면 10대부터 70대까지 폭넓어요. 가장 연장자였던 분은 1948년생으로, 저와 함께 한라산도 오르고 강원도 원주도 다녀오셨어요. 나이가 많다고 여행을 잘하는 것도 아니고, 나이가 적다고 미숙한 것도 아니에요. 모두가 '제주가 좋다.'는 공통된 이유로 모인 것이니, 나이 때문에 망설이지 않아도 된다고 늘 말씀드려요.

10년 동안 직원을 채용하거나 업무 형태를 바꿔 본 적은 없으세요?

한때 몇 개월간 가이드를 한 분 채용해 운영해 본 적이 있어요. 그분이 제주 서부를 담당하고, 저는 동부를 맡아 투어를 진행하는 방식이었죠.

그 방식으로 지속하지 않은 이유는 무엇인가요?

저와 가이드가 동시에 투어를 진행하다가 일정 변경이나 갑작스러운 문제가 생기는 경우가 있을 때, 즉각적인 대응이 어려웠어요. 저는 빠르게 해결할 수 있지만, 가이드의 경우 저와 상의해서 대응해야 하는데 저도 투어를 진행 중이다 보니 실시간으로 조율하거나 관리하기가 쉽지 않았어요. 그렇게 운영하다 보니 오히려 여행 서비스의 질이 떨어질 수도 있겠다는 생각이 들었죠. 돌아보면, 가이드 육성을 위한 교육을 제대로 하지 못한 탓이에요.

앞으로 직원을 채용하거나 가이드를 육성하게 된다면, 체계적으로 제대로 해야 할 것 같아요. 저는 직접 투어하는 시간을 줄이고, 운영과 관리에 집중해야겠죠. 지금처럼 운전대를 잡고 투어를 직접 하면서 가이드를 키우거나 채용하는 건 현실적으로 어려울 거예요.

20대엔 경호원, 30대엔 '찰쓰투어', 그렇다면 40대와 50대에 대한 그림은 어떻게 그리고 있어요? (양성철 대표는 1984년생으로 2025년 기준 41세다.)

지금의 연장선일 것 같아요. 10년 동안 직접 현장을 뛰면서 여행객들을 만나 왔고, 여전히 그게 너무 좋거든요. 하지만 '찰쓰투어'의 성장이라는 관점에서 보면, 이 방식으로 언제까지 지속할지 고민되는 것도 사실이에요. 요즘 저의 고민이죠. 언젠가 가이드 육성도 하게 될 텐데, 그러려면 준비해야 할 것들도 많고요. 10년이라는 숫자에 특별한 의미를 두지는 않지만, 지난 10년이 버티며 해 온 시간이었다면, 앞으로의 10년은 더 다듬으며 해 나가고 싶어요.

만약 제주가 아니었다면, 지금 어디에서 무얼 하고 있을까요?

10년 전 제주에 온 건 제주가 좋아서라기보다, 그저 4박 5일 여행지로 가볍게 선택했을 뿐이었어요. 그때, 제주가 아닌 다른 곳을 택했다면 그곳에서 지금과 비슷한 일을 하고 있을지 아닐지 저도 잘 모르겠어요.

다만, 저는 무엇을 하든 좀 깊이 몰입하는 성향이 있어요. 그래서 제주가 아닌 어디에서든, 그곳에서 접한 무언가에 따라 제 일과 삶의 모습이 지금과는 또 다르게 펼쳐졌을 것 같아요.

제주에서 도보 여행자들의 문제를 해결하고 여행 만족도를 높여 주고 있는데요, 본인을 위한 제주 여행도 하나요?

여유가 있다면 한라산을 오르거나 걸어요. 그리고 투어를 위해 답사 가는 일이 제게는 여행이나 마찬가지예요. 일과 일상의 경계가 모호하죠. 저뿐만 아니라 보통 개인 사업자들이 다 그럴 거예요.

일과 일상의 경계가 모호한데, 그 자체로 행복한지 묻고 싶어요.

제가 좋아하는 일로 생계를 꾸리고 있으니 만족스러워요. 좋아하는 일로 생계를 하면서 잘 벌기까지 하면 더 좋을 게 당연하고요. 그런데 많은 여행객을 만나면서 깨달은 게 있어요. '스스로 자기 일을 어떻게 받아들이느냐'가 정말 중요하다는 것이에요.

어떤 분들은 직장 생활에서 큰 스트레스를 받지만, 또 어떤 분들은 직장을 자신이 좋아하는 것을 하기 위한 수단으로 한정하기도 해요. 직장에서 받은 월급으로 자신이 좋아하는 여행이나 다른 취미를 할 수 있으니 그 정도의 선에서 직장 생활에 만족할 수 있는 거죠. 그런 분들은 맡은 업무나 직장 생활이 꼭 본인의 성향에 맞지 않더라도, 그런 방식으로도 행복할 수 있는 것 같아요.

제주는 관광의 섬이고, 여러 가지 이슈에 영향을 받습니다. 예를 들어 전염병(메르스, 코로나 등)**, 여행 트렌드 변화, 제주 관광 물가 이슈 등. 가장 크게 영향을 받은 이슈는 무엇인가요?**

코로나 팬데믹 때 아주 힘들었어요. '찰쓰투어'는 전국에서 온 불특정 여행자들이 모여서 투어를 하는 방식이었기에 어려울 수밖에 없었어요. 5인 이상 집합 금지도 있었죠. 그래서 가족 단위나 소규모 단체를 위한 '커스텀 투어'를 만들고 진행했어요. 해외여행을 못 가는 대신 제주 여행자는 늘었을지 모르지만, 원데이 투어 모객은 굉장히 힘들었어요.

예측도 대비도 안 된 시기였을 텐데요, 그 힘든 시기는 어떻게 보냈어요?

오랜만의 한가한 시간이었어요. 언젠가는 코로나가 끝나고 괜찮아질 거라고 생각을 하니, 그 시간을 낙담만 하다 보내면 나중에 후회할 것 같았어요. 그래서 자격증을 따기로 했죠. 내국인을 인솔하는 가이드의 경우 자격증이 의무 조건은 아니지만, 제가 하는 일을 더 제대로 알아 가는 의미로 국내 관광 종사원 자격증을 땄어요. 그리고 가이드를 하다 보면 역사 이야기를 해야 할 때가 많아요. 그래서 시간이 생긴 참에, 제대로 한국사를 공부해서 한국사 자격증을 땄어요. 드론에 관한 관심이 높아지던 때라 드론 자격증도 땄고요.

힘든 시기는 늘 와요. 코로나 팬데믹은 끝났지만, 비싼 항공권 가격, 제주도에 대한 부정적인 이미지, 사회 경기 문제 등으로 여전히 힘든 시기는 이어지죠. 불안하더라도, 괜찮아지고 바빠질 때를 대비하며 이런 시간을 잘 보내야 해요. 실제로 투어가 쉴 새 없이 진행될 때는 다른 걸 생각할 여유 자체가 없어요. 양질의 서비스나 다양한 기획 상품은 제가 여유 있을 때 책 읽고 공부도 하면서 다양한 생각을 해야 나오거든요. 그런 걸 비수기, 힘든 시기, 한산할 때 하면 됩니다. 그리고 그럴 때 육아도 열심히 하고요.

요즘 '지방 소멸 시대'라고 할 만큼 지방의 일자리 문제와 인구 유출이 심각해요. 하지만 동시에 조기 퇴직 후 지방살이, 귀촌을 꿈꾸는 분들도 많습니다. 지방에서 살고 싶거나, 회사 밖에서 새로운 일을 하며 살고 싶은 분들에게 어떤 말을 건네고 싶으세요?

제주에 와서 잘 정착하는 분들도 있지만 1년도 채 안 되어 다시 떠나는 경우도 많아요. 같은 제주라도 제주시와 제가 사는 서귀포시 성산읍의 삶의 모습이 크게 달라요. 결국 어떤 형태의 삶을 원하는지에 따라서 지방살이의 가능성과 만족도가 달라질 것 같아요. 그래서 막연하게 고민하는 분들이라면, 먼저 본인이 원하는 삶의 형태가 무엇인지 아는 게 필요하지 않을까요?

그리고 새로운 일을 하려는 분들에게는 어느 정도의 계획과 준비를 미리 하라고 꼭 말씀드리고 싶어요. 저는 사전 준비가 제대로 되지 않은 채 무모할 정도로 무작정 시작했어요. 그러다 보니 우여곡절을 겪으며 원활하게 운영하기까지 남들보다 더 많은 시간과 노력이 필요했던 것 같아요. 다른 분들은 좀 더 철저히 준비하고 계획해서, 보다 순탄하게 해 나가시길 바라요.

또한 지방 인구 유출이 계속되고 있는 만큼, 10년, 20년 뒤에도 우리가 지방에서 지속적으로 살아갈 수 있을지 고민해 봐야겠죠. 제가 섣불리 어떤 조언이나 얘기를 하기엔 조심스럽지만 분명 깊이 생각해 볼 문제라고 느껴요.

결국 어떤 형태의 삶을 원하는지에 따라서
지방살이의 가능성과 만족도가
달라질 것 같아요.

제이지스타 제주

주동희

조금 더 움직이고 조금 더 생각하기

제주는 사계절 내내 크고 작은 행사가 끊이지 않는, 축제와 행사의 섬이다. 그중 '컬러풀산지(Colorful SANJI) 페스티벌'은 콘서트와 마켓, 다양한 프로그램이 결합한 제주 원도심 최대 행사이자 축제 중 하나다. 이런 행사 뒤에서 힘쓰는 사람들이 있을 것이다. 2023년 뜨거운 여름, '컬러풀산지'가 열리는 그곳에 기획자 주동희가 있었다. '제이지스타 제주'의 기획자인 그는 자신을 '제주 행사를 재미있게 바꾸고 싶은 기획자'라고 소개한다. 그는 서울에서 직장인과 사업가로서 다채로운 경험을 했다. 사업체를 공동 운영하며 200억 매출을 찍어 보기도, 단돈 1천 원이 없어서 지하철을 못 타는 힘듦을 겪기도 했다. 코로나로 힘든 시절, 도피하듯 제주로 왔다.

지금 그는 제주에서 행사와 축제의 새로운 모습을 그려내며 제주를 더 재미있게 만들고 있다. 동시에 자신의 삶 역시 더욱 만족스럽게 가꾸어 나가면서!

하는 일을 중심으로 본인 소개해 주세요.

저는 행사와 축제의 기획, 제작, 마케팅을 총괄적으로 대행하는 기획사 '제이지스타 제주(JG STAR JEJU)'의 기획자 주동희입니다. 서울에서 마케팅 대행사 '애프터워크'를 운영하며 글로벌 음향 브랜드 마케팅을 전문으로 하다가 제주로 이주 후 합작 법인 회사인 '제이지스타 제주'를 만들고 제주 도내의 다양한 행사, 축제, 전시 등을 총괄 기획 운영하고 있어요.

제주 이주는 제주의 행사, 축제 시장의 가능성을 보고 사업을 확대하기 위함이었어요?

전혀 아닙니다. 제주로 2021년에 이주했는데, 이주 전후로 마케팅 대행사 '애프터워크'를 운영하고 있었어요. 그런데 코로나가 터지면서 광고주가 다 떨어져 나가고 일이 단 하나도 없는 지경에 이르렀어요. 사는 게 너무 힘들고 재미도 없어서 서울을 떠나고 싶다고 생각하다가 제주로 오게 됐어요.

힘들고 지친 서울 생활에서 도피하듯 제주로 오게 된 것이군요?

당시에 너무 지쳐서 서울을 떠나고 싶다는 마음이 강렬했는데 어디로 떠날 수 있을지를 고민할 때, 코로나 팬데믹이 끝나면 가장 먼저 회복할 곳이 어디일지 생각했어요. 떠오른 후보지가 우리나라 대표적 관광지인 강원도 양양과 제주도였어요. 고향이 강원도여서 양양 쪽에 기반이 더 있었지만, 아내를 설득하기엔 제주가 더 좋았어요. 아내가 제주를 좋아했기에 금방 결정되었죠. 그렇게 제주로 이주하자고 아내와 이야기하고 두 달 만에 이사했습니다.

제주에 오기 전, 어떤 직업적 사업적 경험을 했는지 궁금합니다.

저는 대학에서 국문학을 전공했어요. 공중파 방송국의 라디오 작가 인턴으로 사회 생활을 시작했는데, 오랜 시간 배고파야 하는 일인 것 같아서 그만두고 직장 생활을 시작했어요. 동영상 공유 플랫폼 회사, 케이블 방송 관련 협회, 마케팅 광고 대행사 등을 거쳤어요. 콘텐츠 소싱, 방송 프로그램 제작, 마케팅 등을 두루 경험했죠.

그러다가 함께 일하던 동료들과 창업해서 방송 PPL, 드라마 제작, OST 제작, 굿즈 제작 판매 등을 하면서 사업을 성공적으로 해 나갔어요. 창업 2년 만에 매출 200억을 찍을 정도였거든요. 그러다가 마지막 드라마 제작을 하고 회사가 망했어요. 투자받은 돈보다 제작비 지출이 더 컸거든요. 그러고 나서 다시 의기투합하여 재창업했는데, 또 망했어요. 그때 제가 갓 서른이 됐을 때인데요, 감당하기 어려운 수준이었어요. 지하철 요금 낼 돈이 없어서 집에 못 가고 회사에서 잘 정도였으니까요.

제 인생의 담금질이 됐던 그런 시간을 지나 다시 IT 유통 전문 중견기업에 취업해 회장 비서실에서 근무하던 중 영업 직무를 담당하는 기회가 생겼어요. 그때 수입 총판하던 브랜드의 팝업 매장을 스키장에서 열었는데 굉장히 잘됐어요. 그때 회사 업무로서가 아닌 제 사업으로 해 보고 싶다는 욕심이 생기고 가능성도 확인했죠.

그래서 이듬해에 사업을 시작하면서 만든 회사가 '애프터워크(2017년 시작)'예요. 이전 회사에서 연결된 클라이언트들이 저를 지켜봐 오다가 마케팅 일을 맡기면서 일이 시작됐어요. 다양한 브랜드의 온오프라인 콘텐츠, 광고, 굿즈 제작 등 원하는 건 뭐든 다 해 드리는 회사로서 사업이 잘됐어요. 그런데 직원 수에 비해 더 큰 일들을 해 나가기 시작하던 때에 코로나가 터졌어요. 광고주들이 하나둘 떨어져 나가다가 일이 단 하나도 없는 수준에 이르렀어요. 매출은 없는데 고정비는 나가니 하루하루가 '마이너스 인생'이었죠.

다양한 경험을 하면서 큰 일들을 비교적 젊은 나이에 많이 경험하신 것 같은데요, 제주로 와서 어떻게 일을 이어 갈 생각이었어요?

제주로 올 때 더 이상 사업은 하고 싶지 않았어요. 제주에 와서 취직하려고 했고, 그간 일하면서 알던 분이나 연결된 분들이 운영하거나 준비 중인 사업장을 눈여겨봤어요. 그런데 취업이 잘 안되더라고요. '나를 아는 분이니 안 뽑아 주실 리가 없다!' 하는 마음이 어느 정도 있었던 게 사실인데, 채용 포지션이나 경력, 연차 등이 맞아떨어지지 않기도 하고 결국 제 자리가 되지 않았어요. 정말 막막했죠.

당시에 관리가 잘 안된, 마당이 있는 큰 집을 얻었는데 집 관리하고 치우며 땀 흘리다 보니 지친 마음이 조금씩 회복됐어요. 제주에 이미 내려와서 사는 아는 분들이 꽤 있었는데 실제로 잘 만나지지 않았어요. 제주 사는 분들은 아실 텐데 제주가 정말 크잖아요.* 가까운 동네에 살지 않는 한 아는 사람이 있어도 만나기 정말 힘들어요.

---

*제주는 서울의 약 3배이고, 정중앙에 한라산이 자리 잡고 있어 체감하는 크기나 거리는 더 크고 멀다.

그러다가 제주 토박이 이웃과 친해졌어요. 덕분에 재미있는 경험을 많이 했고, 자연스럽게 제주에 관한 공부가 되었어요. 관광으로 왔을 때는 몰랐던 것들이 이곳에 있다는 걸 알게 되면서 재미있었죠.

제주로 올 때 걱정이나 고민은 없었어요?

제주로 오기로 결정하고 나서는 크게 걱정되는 게 없었어요. 서울에 있는 것 자체가 매일매일 걱정뿐이었기에 제주로 가기만 해도 좋을 것 같았고, 뭐든 할 거라는 저에 대한 믿음이 있었어요. '일단 가서 생각해 보자!' 하는 마음이었죠. 다들 '제주에서 할 거 없다.' '식당할 거 아니면 할 게 없다.' 등의 말이 많았지만요.

제가 광고 프로젝트를 할 때 만난 감독님 한 분이 당시에 제주에 살고 있었어요. 특히 코로나 팬데믹 때는 비행기표도 쌌기 때문에 일주일에 두세 번씩 서울과 제주를 오가면서 일하며 먹고사는 모습을 봤어요. 저렇게도 살 수 있다는 생각이 들었어요. 그래서 제주로 올 때 용기를 좀 더 낼 수 있었던 것 같아요.

결국 제주에서 취업에 성공하셨죠.

제주 특화 서비스를 하던 플랫폼 스타트업 기업에 취업했어요. 스스로 이런 말을 하곤 하는데, 제가 '쇳복'*이 있어요. 힘들 때마다 우연히 맞아떨어지는 기회들이 생겨요. 마침 당시에 회사가 투자를 크

---

*쇳복: 사전에는 등재되지 않은 표현이지만, 쇠(철)를 돈으로 간주하던 시절에 비롯된 말로 '행운'을 의미.

게 받은 상황이어서 연봉 수준도 잘 맞춰서 취업을 잘했어요.

하지만 많은 스타트업들이 코로나 팬데믹을 겪으면서 자금난이 생기고 힘들어졌듯, 제가 다니던 회사도 다양한 이슈와 함께 버티지 못하고 직원 정리를 했는데, 저도 포함되었어요. 약 반년간 짧고 굵게 많은 일을 했어요.

원래 모험을 즐기는 편인가요?

네. 강점 테스트를 해 봤는데 승부와 경쟁을 좋아하고, 자기애가 충만하대요. 하이리스크 하이리턴(고위험 고수익)을 믿고요.

사업이 힘들어지고 제주에 와서 다시 취업했지만, 반년만에 비자발적으로 관두게 되는 과정은 또 하나의 위기일 수도 있었겠어요.

제가 아까 '쇳복'이 있다고 했잖아요. (웃음) 회사에서 정리되기 직전에, 서울에서 사업할 때 알던 관계를 통해 한 은행에서 예정하고 있는 제주 워크숍 행사를 운영할 업체를 찾는다는 소식을 들었어요. 렌트, 숙박, 항공, 여행, 트립, 공연 등 모든 것을 종합적으로 포함한 행사였는데 '이걸 내가 해야겠다!'라는 생각이 들었어요. 그리고 그 일을 제가 땄죠. 회사에서 정리되자마자 그 행사를 준비하고 치르느라 살이 쏙 빠졌어요. 그 행사가 제게, 제주에서 다시 제 사업을 하게 하는 입장권이 됐어요. 제주에서 행사를 계속해 봐야겠다고 생각하게 됐죠.

제주에서 현재 하는 일은, 서울에서 해 오던 일과 동일한데 지역만 바뀐 것에 가깝나요, 아니면 다른 유형의 일이라고 할 수 있나요?

이전에는 직장인으로든 사업가로든 늘 행사에 있어서는 주변인이 었어요. 대형 스포츠 행사, 콘서트 등에서 하나의 부스나 기타 부가적인 상품을 기획하고 운영하는 일을 했거든요. 반면, 제주에서 하는 일은 행사 자체를 기획해서 운영하는 일이기에 행사의 중심에 들어가게 됐다고 할 수 있어요. 행사의 전체 브랜딩, 사전 홍보부터 행사 진행까지 필요한 모든 것을 총지휘하는 감독 역할을 하고 있어요.

성취감이 전에 하던 것과 비교가 안 되게 커요. 그만큼 신경 쓰고 챙겨야 하는 부분이 완전히 다르다는 것도 알게 되었고, 행사를 준비하고 끝날 때까지 피가 바짝바짝 마르는 경험을 하고 있어요. 마케팅 중심의 일을 하다가 행사 전반을 총괄하게 되면서 제주에서 일의 성격과 범위가 확장된 셈입니다.

제주에서 첫 워크숍 행사를 치르고 나서, 다음 일은 잘 이어진 편인가요?

큰 행사를 관공서와 함께 기획하다가 엎어지는 일이 있기는 했지만, 그다음 맡은 행사가 바로 '2023 컬러풀산지 페스티벌'*이에요. 공공 입찰에 들어가서 기획서를 발표하고 경쟁을 통해 수주한 첫 행사이자, 처음으로 맡은 제주 도내 기관의 대형 행사였어요.

---

* '컬러풀산지(Coloful SANJI) 페스티벌'은 제주특별자치도와 제주관광공사가 2021년부터 산지천이 흐르는 탐라문화광장 일대에서 개최하는 대표적인 제주 원도심 야간 축제다.

'2023 컬러풀산지 페스티벌'을 총괄하게 되면서 제주에서 존재가 알려지기 시작했어요. 공공 입찰을 통해 수주했는데, 어떤 점이 입찰을 따내는데 주효했다고 생각하나요?

그때 제가 '제이지스타 제주'를 설립하고 도전했는데, 신생 회사이다 보니 정량 점수에서 약할 수밖에 없었어요. 제가 딸 수 있는 건 정성 점수, 즉 기획력으로 승부 낼 수밖에 없었죠. 행사가 열리는 지역인 원도심의 산지천에서 살다시피 했어요. 밥 먹고 일하고, 주말에는 거기에서 놀면서 해당 지역과 그곳에 있는 공간들을 연구하고 이해하려는 노력을 많이 했어요.

그리고 프레젠테이션(발표)을 준비할 때 기존에 제주에서 행사를 어떻게 했는지 찾아보지 않았어요. 아예 새롭게 해야 가능성이 있다고 생각했기 때문이에요. 그런 마음으로 자유롭게 기획서와 발표 자료를 만들었어요. 새로운 아이디어를 꽉꽉 넣고 기획안 수준이 아닌, 캐스팅도 어느 정도 다 섭외 확정해 둔 실행안 수준의 발표를 했습니다. 엔터테인먼트 업계에 있을 때 함께하던 분들이 많은 도움을 주셨어요.

'2023 컬러풀산지 페스티벌'을 준비하고 운영하면서 힘들었던 점과 가장 보람찰 때는 언제였나요?

수주하고 난 이후, 모든 게 다 힘들었어요. 새로운 곳에서, 한여름에 야외 행사를 며칠간 하는 것 자체가 어려웠어요. 하지만 이건 저의 데뷔전이었기에 멋있게 치르고 싶었어요. 사람들에게 충격을 주고 싶었어요. 그래서 광장에 눈에 띄는 설치물들을 세웠는데 페스티

주동희 기획자는 행사 총감독 일을 하면서 가장 설레는 순간을, 제주 행사에서 큰 홍보 수단 중 하나인 가로등 배너가 제작되어 세워지는 순간이라고 했다. 기획이라는 무형의 일을 해 오다가, 그것이 유형으로 전환되는 순간이기 때문이며, 가로등 배너 거는 날이 행사의 시작점이기 때문이다.

벌 개막 전날 비가 엄청 많이 오면서 그 설치물들이 하중을 못 이기고 쳐졌어요. 급하게 다른 방식으로 재설치하면서 비용도 추가되었고, 새벽까지 엄청나게 애썼는데, 아침에 재설치된 걸 보니 눈물이 나더라고요. 가장 힘들면서도 가장 감동적인 순간이었어요.

그리고 한여름에 야외에서 공연과 플리 마켓이 섞여서 진행되는데, 너무 더워서 셀러들이 고생을 많이 했거든요. 콘서트를 마치고 무전으로 PM(프로젝트 매니저)들에게 셀러분들 오늘 장사가 어땠는지를 확인하는데 "완판!"이라는 답을 받을 때 너무 행복했어요.

외지인이 제주에 와서, 특히나 남이 일을 주어야 진행되는 업의 특성상 사람이나 회사, 기관 등 클라이언트와의 관계 맺음이 중요할 것 같아요. 제주에 기존의 아는 인맥이나 네트워크가 있었나요?

지인은 있었지만 제가 하는 일에 직접적인 인맥이나 네트워크가 되었다고 말하긴 힘들어요. 분명히 설명하기가 어려워서 제가 반복적으로 "저는 쉿복이 있다."라고 말하고 있는데요. (웃음) 제가 자기애가 강하다 보니 저에 대한 어필을 잘하는 것 같고, 우연한 기회가 생기면 그걸 제 것으로 만들려고 최대한 노력해요. 예를 들어 "누가 이런 거 해 줄 회사나 사람을 찾는대~" 하면 "접니다!" 하는 거죠.

제주라는 새로운 지역에서 인지도를 갖기 위해 어떤 노력을 했나요?

'2023 컬러풀산지 페스티벌'의 임팩트(강렬한 인상)가 매우 컸기 때문에 자연스러운 연결이 이어졌어요. 컬러풀산지 행사를 하는 중에, 그리고 끝나자마자 제주 행사를 하는 다양한 곳에서 저를 찾아 주고 행사를 맡겨 주셨어요. 행사 외에도 강연, 인터뷰 제의 등도 많이 들어와서 가리지 않고 다 했어요. 제주국제자유도시개발센터, 제주관광공사, 김만덕 기념관 등 제주 도내 주요 기관과 기업 등이 저의 클라이언트가 되었어요.•

서울에서 했던 다양한 직장과 사업적 경험이 지금의 일을 할 때 도움이 되었나요?

다양한 영역에서 많은 경험을 했어요. 게다가 첫 직장이었던 스타트업 기업이 순식간에 커졌다가 순식간에 망했거든요. 그때 만난 100여 명의 직원들이 이곳저곳으로 확 퍼지게 되었는데 그것이 사회 초년생으로선 단시간에 갖기 힘든 인맥을 갖게 해 줬어요. 처음부터 안정적인 회사에서 장기간 근무했다면, 제가 가질 수 있는 인맥은 한정적이었을 거예요. 그 인맥이 제주에서 일을 물어다 주진 않지만 제가 물어온 일을 해 나갈 때 큰 도움이 되고 있어요.

어디에서 무슨 일을 하든 본인을 알아봐 주고 일을 맡기는 분들이 생겨나는 것 같아요. 인맥 관리에 특별한 비결이 있어요?

• 기획자 주동희는 2023년 '컬러풀산지 페스티벌', 제주 원도심 미식 큐레이션 '입맛도심', 김만덕 기념회 '김만덕 주간 나눔 큰잔치', 제주대학교 LINC 3.0 사업단 '지·산·학 혼디 페스티벌' 등을, 2024년 일룸 고산도들 페스티벌, 제주도시재생센터 도시재생주간, 제주관광공사 워케이션, 제주도청과 제주관광공사 '한라산타', 자체 기획 행사로 도내 일러스트레이터와 디자인 기반 작가 및 브랜드를 모아 진행한 복합 문화 페스티벌 'dillfe jeju' 등의 행사를 총괄 기획, 운영했다. 2023년 여름부터 2024년 말까지 스무여 개의 행사와 십여 개의 프로젝트에 참여했다.

이십 대부터 애늙은이 같다는 소리를 듣곤 했는데, 경조사나 명절 인사 등을 놓치지 않고 하나하나 쫓아다니며 챙겼어요. 그랬더니 주변에서 저를 좀 다르게 봐 주셨고, 지금까지도 길게 연락하고 지내는 인연들이 많아요. 그러니 행사할 때 필요한 캐스팅이나 광고 촬영 인력 등을 인맥이나 네트워킹을 통해 빠르고 합리적인 가격으로 소개받아 진행할 수 있는 점이 있어요.

짧은 기간에 많은 행사를 치르고 지금도 여전히 바빠 보여요. 힘들지 않아요?

힘든 점은 나이가 마흔이 넘으니(주동희 기획자는 1983년생으로, 2025년 기준 42세다.) 체력적으로 힘들어요. 실제로 큰 행사 치르면서 머리카락이 엄청 많이 빠졌어요. 그 외에는 한 번씩 하는 공포스러운 생각인데 '더 이상 반짝이는 아이디어가 떠오르지 않으면 어떡하지?' 할 때가 있어요. 예전처럼 사람 이름이 빨리빨리 생각이 잘 안 날 때도 더러 있거든요. 그래서 저와 같은 역할을 해낼 수 있는, 기획할 수 있는 사람을 키우고 함께할 수 있는 파트너들을 많이 찾아야겠다고 생각하고 있어요.

제주에서 하는 일의 안정성(지속 가능성)을 확인하기까지 얼마나 걸렸는지 궁금합니다.

아직 확인 못 했어요. 그럼에도 지금 단계에서 좀 알게 된 건, 다른 지자체보다 제주에 행사가 많이 있고 거기에 투입되는 예산도 꽤 많다는 사실이에요. 육지의 경우에는 어느 지방에서 행사하든 온 지역의 회사가 다 와서 경쟁해요. 그런데 제주는 '제주에 소재한 회사일 것'이라는 조건이 붙는 경우가 많아요. 그러니 제주 내에서 한정된 경쟁을 하게 되는데, 어느 정도 경쟁에서 보호받는 느낌이 있어요. 제주에 행사가 연간 4만 개 정도가 있대요. 작은 학회 같은 것까지 다 합하면요.

반면, 이런 행사와 관련해서 먹고사는 업체들이 알게 모르게 굉장히 많이 있어요. 그리고 목적성을 가지고 제주로 내려오는 업체도 계속 늘어나고 있고요. 그런데 행사 예산이나 규모가 줄거나 통폐합되거나 없어지기도 하는 실정이에요. 행사 시장 자체는 작아지는데 경쟁은 높아지고 있으니 무턱대고 지금 잘 된다고 안정적이라고 여기다간, 금방 힘들어질 수도 있을 것 같아요.

어느 정도가 되면 안정화되었다고 느낄 것 같아요?

돈을 많이 벌면요. 행사를 많이 한다고 무조건 돈을 많이 버는 건 아니에요. 어떤 행사는 퀄리티에 욕심을 내다 수익이 마이너스가 되기도 해요. 수익은 실제로 마진(중간 이윤)이 얼마 남느냐의 문제인데요, 처음에는 필요한 모든 것을 구매하거나 빌려야 해서 비용이 많이 들었어요. 행사를 지속적으로 하면서 자산화되는 물품들이 생기다 보니 점점 비용을 아낄 수 있어서 마진율이 좋아지고 있어요. 대신 인건비가 올라가는 점이 있긴 하죠.

수익률에 중점을 두고 행사를 준비하면 행사의 질이 떨어지는 건 당연할 거예요. 저는 기획자 주동희의 이름을 걸고 모든 일을 하고 있어서 그렇게 하고 싶지는 않아요. 그리고 아직은 저와 우리 회사를 증명해야 하는 단계로 보고 있어요. 그러니 당장의 마진보다는 최대한 좋은 그림을 만들고 운영을 잘하는 게 향후를 위해 더 필요하다고 생각해요.

제주에서 생활하고 일하는 만족도는 어느 정도인가요?

굉장히 높은 편이에요. 거의 100에 가까워요. 아이 키우기도 좋고, 늘 멋있는 자연을 볼 수 있죠. 수시로 한라산, 구름, 노을 같은 것들이 바뀌는 걸 봐요. 저에게도 아이에게도 큰 양분이 되고 있어요.

기획 아이디어는 어디에서 나오나요?

남들이 잘해 놓은 걸 자주 봐요. 그런 게 재미있고 즐거워서 계속할 수 있는 것 같아요. 하루 종일 SNS를 보거나 직접 다니면서 구경하고 전시도 다니면서, 필요한 건 다 저장하거나 캡처하고 사진으로 기록해 둬요. 이렇게 쌓아 둔 자료를 나중에 필요할 때 잘 떠올려요. 예전에 어느 나이 지긋한 대표님께서 말해 주신 건데 이게 촌사람들의 특징이래요. 많이 보고 기억해 뒀다가 나중에 필요할 때 잘 떠올리는 게요.

협력하는 힘은 어디에서 나오나요?

저는 기본적으론 혼자 일하는 스타일이에요. 제가 직접 해야 속 시원하고, 남에게 잘 못 맡겨요. 그래서 직장 다닐 때 팀원들을 잘 못 키웠어요. 서울에서 마케팅 일을 할 때는 혼자서도 제 손발만 있으면 문제없이 할 수 있는 일들이 많았는데, 제주에 와서 더 큰 범위의 일을 하다 보니 이제 협력 없이는 할 수 없는 일들이 훨씬 많죠.

그래서 제가 혼자서 해결이 되지 않는 부분은 함께 일하는 직원, 고정적으로 협업하는 프리랜서들에게 도움을 받고 있어요. 제주에서 네트워크를 활용해야 할 때, 그리고 다양한 사람들을 대할 때 함께 일하는 분들에게 도움을 받아요. 서울에서 많은 힘듦을 겪고 와서 그런지 제주에서 제가 좀 달라진 게 있는데, 사람들에게 미움을 받지 않으려고 노력해요. 사업을 하다 보면 이래저래 원치 않게 미움받는 일이 생기기도 하거든요. 미움받지 않고 재미있게 하려면 남의 손도 잘 빌려야 하는 것 같아요.

일이 지속되는 건 좋지만, 기획하는 일의 경우 아이디어가 고갈되기도 하죠. 그럴 때 어떻게 하나요?

다행히도 아직 그런 적은 없어요. 그때그때 필요한 것들이 잘 떠올라요. 그리고 해결해야 하는 게 생겼을 때 해결 방안이나 도움을 구해야 할 업체나 사람도 빨리 생각나는 편이에요.

제주에 온 이후의 어느 시점으로 다시 돌아갈 수 있다면, 돌아가서 바꾸고 싶은 게 있어요?

제주에서의 일과 삶의 만족도가 크고, 해 왔던 일들에 후회되는 점들이 없어서 그런 건 없어요.

제주에서 일과 삶이 구분되는 편인가요, 일치되는 편인가요?

구분 안 돼요. 저는 일할 때 아이를 데리고 가기도 해요. 아이가 벌써 '행사'라는 것이 뭔지 정확하게 인지하는 정도예요. 저는 일과 삶이 섞여서 생기는 부분도 좋다고 생각해요. 제 삶은 아이 중심으로 돌아가는데 아이에게 좀 특별한 경험의 기회를 많이 주고 싶거든요.•

제주에서의 장기적인 삶을 위해서는 일이 받침이 되어야 하죠. 제주에 이주해 살아 보고 싶은 분들께 어떤 걸 준비하라고 말해 주고 싶어요?

제주에 대해 자세히 알아봐야 한다고요. 제주의 특성과 제주가 가진 자원, 거기에 본인이 가진 장점이 결합하여 돈벌이, 즉 사업화가 되는지 생각해 보고 그게 되는 분들이 오면 좋을 것 같아요. 그렇지 않으면 제주에 대한 안 좋은 감정이나 상처, 금전적인 손실을 보고 돌아갈 수밖에 없으니까요. 그런 점에서 신중하게 고민해야 하죠.

제주에서 이미 포화 상태인 업들이 있어요. 그런 건 피해야 한다고 생각해요. 그리고 제주의 폐쇄성이나 지역성에 대해서는 밖에서 들어오는 이주민의 입장에서 우리가 바꿀 수 없는 것들이 있으니, 견디거나 나만의 방식으로 해결할 방법을 찾으며 해 나가야 할 거예요.

제주를 자세히 알아보는 게 먼저 되어야 하는데, 실제로 와서 살기 전에는 알기 어렵잖아요. 어떤 방법이 있을까요?

한달살이 등을 하면서 와서 지내보면 될 것 같은데요, 다만 관광지를 벗어나서 생활해 봐야 해요. 관광이 아닌 생활을 하면서 만나는

• 기획자 주동희는, 제주에서 '우주 아빠'로 통한다. '우주'는 주동희 기획자의 아들 이름이다.

문제들이 실제 제주에서 일하고 사는 우리가 만나는 진짜 제주의 모습일 거예요. 관광지를 벗어나 생활을 해 봐야만 알 수 있는 것들을 느껴 보세요.

제주에서 일하고 살면서 하는 고민이나 걱정이 있나요?

언젠가는 여길 떠나 다시 돌아갈 수도 있잖아요. 근데 그렇게 될 때, 지금 여기에서의 경력이 육지에서도 유효할까에 대한 고민은 있어요. 이런 점을 여기저기 서울과 제주를 오가며 일하는 분들에게 여쭤 봐도 정해진 답은 없더라고요. 제주에서 하는 행사 외에 다른 지역에서 하는 다양한 행사나 축제에도 도전해 봤는데, "제주에 있으면서 어떻게 하려고 그래?" 하는 질문을 많이 받았어요. 그러다 보니 '지금 제주에서 이렇게 하다가 나중에 다시 돌아갈 수 있을까?' 하는 생각이 들 때가 더러 있습니다.

하던 일을 지역을 바꿔서 할 때, 가령 '서울에서 이렇게 했는데 지방 가서 똑같이 하면 되지 않을까?'라고 생각하는 사람이 있다면 어떤 말을 해 주고 싶어요?

서울에 대한 로열티는 확실히 있어요. 저도 제주에 와서 일을 할 때 베네핏(혜택)이 없었다고 할 수 없어요. 서울에서 누구나 들어도 아는 브랜드의 브랜딩이나 마케팅을 했다는 사실 자체가 지역에서는 흥미로울 수 있고, 신뢰를 주기도 하거든요. 그런 이력이 클라이언트에겐 새로운 사람, 새로운 회사에 일을 맡겨 보기로 결심하는 이유가 되는 것 같아요. 서울에서 어떤 일을 했던 경험은 제주를 포함한 지방에서 관련된 일을 할 때 분명 베네핏으로 작용할 거예요.

하지만 실제로 지방에서 일을 수행할 때 서울에서 하던 방식 그대로 하면 될 거라고 생각해서는 안 돼요. 완전 새롭게 계획하고 준비해야 해요. 제주의 경우 비용도 더 많이 들고, 도내에 공장이 많이 없으니 완성도를 추구하는 분이라면 작업 과정을 볼 수 없는 데다가 육지에서 배송 온 후에 봐야 하니까 답답한 점들이 생겨요. 그리고 육지에서 공수해서 가져오는데, 태풍이나 폭설 등의 변수 때문에 비용은 물론, 연달아 다양한 통제 불가능한 이슈가 생길 수도 있어요.

앞으로의 목표와 계획은 무엇입니까?

회사 소개서에 '조금 더 움직이고 조금 더 생각한다.'라고 적었어요. 조금 더 재미있게 하기 위해서, 기왕 할 거면 사람들에게 더 큰 재미와 행복을 주고 싶어서요. 그런 것들을 계속해 나가면서 돈도 많이 벌고 싶습니다. 앞으로 행사 전문가에 한정하지 않고 다른 영역으로도 확장해 나갈 계획이에요. 2024년에 전시 쪽도 시도했는데요, 앞으로 전시 분야로도 확장해 가고, 남이 주는 행사 외에도 자체 행사를 만들어서 더욱 활발하게 움직여 보고 싶어요.

외부의 일은 지금 아무리 잘해도 내년엔 또 어떻게 될지 장담할 수 없어요. 예산 등 여러 가지 변수가 늘 있기 때문이에요. 그러니 직접 행사를 만들고, 좋은 관계를 맺어 오고 있는 기업들의 후원을 받아서 재미있는 행사를 해 볼 수 있지 않을까 해요.

SNS가 브랜드나 기업의 중요한 마케팅 수단이 되고 있는데요, 주동희 님의 경우 SNS에 본인의 이름과 '우주 아빠'로 자신을 드러내고 있어요.

기획자이면서 회사 대표인 사람이 저처럼 자기 이름을 적극적으로 팔고 다닌 경우가 별로 없다고 들었어요. 저는 제주에서 '기획자 주동희'를 좀 더 팔아 보고 싶어요. 그래서 주동희라는 사람이 만들어 놓은 행사를 사람들이 알아봐 주셨으면 좋겠어요. 조금 더 생각하고 조금 더 움직인 흔적들, 그 차이점들을 알아봐 주시면 좋겠다는 바람이 있습니다.

제주에 와서 '2023 컬러풀산지 페스티벌'을 맡기 전에 "나는 스타 기획자가 되고 싶어!"라고 말한 적이 있어요. 그 축제 행사가 끝나고 나서 뉴페이스(새로운 인물)로 제가 드러나기 시작했는데, 지금은 덜 여물었으니까 앞으로 조금 더 익어 가고 싶어요. 저는 행사에도 브랜딩이 필요하다고 생각해요. 제주 행사를 브랜딩하는 마케터, 기획자 주동희로 더 잘해 나가 볼게요. 그리고 제게 우주와 같은 존재인 제 아들 우주 아빠로서도요.

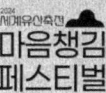

2023

KOCACA 워크샵
컬러풀산지 페스티벌
입맛도심
김만덕주간
JDC 워크샵
제주대 산학 혼디페스티벌
제주에너지공사 기념식

2024

제주포럼 제주도의회 세션
제주식품대전 삼다수 특별관
서울식품유통대전 삼다수 특별관
LG전자 X 다자요 ANOTHER COOK
일룸 고산도들페스티벌
세계유산축전 마음챙김 페스티벌
제주도시재생주간 이음,제주

제주관광공사 워케이션사업
제주새활용센터 기획전시 이불밖꿈
골메달 팝업
디자인일러스트 페스티벌 dillfe jeju
제주도청 X 제주관광공사 한라산타

marketing

iloom

YAMAHA

제주 삼다수

저에 대한 어필을 잘하는 것 같고,
우연한 기회가 생기면 그걸
※ 제 것으로 만들려고 최대한 노력해요.

우리는 모두 언젠가 본인의 일을 하며
살아가야 하니까요.

에필로그

우리는 모두 언젠가
본인의 일을 하며 살아가야 하니까요.

제주에 오면 숙박하고, 식사하고, 카페에 가고, 상점에 들러 물건을 사고, 투어나 체험 활동을 즐기고, 때론 지역 축제 행사를 즐깁니다. 이 과정에서 자연스럽게 제주에서 살아가는 사람들을 만나게 되죠. 그러면 이런 궁금증이 떠오릅니다. "왜 이곳에 왔을까? 언제, 어떻게 시작했을까? 지속 가능한 생계가 될까? 만족스러울까?"

이 질문들은 나와는 다르게 살아가는 모습에 대한 단순한 호기심일 수도 있지만, 언젠가 나도 시도해 볼지 모를 삶의 다음 챕터에 대한 상상에서 비롯된 것일지도 모릅니다. 우리는 원하든 원치 않든 언젠가 자발적 혹은 비자발적인 퇴직을 맞이하게 되니까요. 그 이후에도 삶은 계속되기에 우리는 스스로 일을 만들어 내고 나만의 브랜드를 만들어야 하는 순간에 직면하게 될 테니까요.

제가 만난 일곱 브랜드의 여덟 운영자는 각기 다른 이유로 제주에 왔습니다. 다른 삶을 고민하며 일년살이를 하러 왔다가, 지쳐서 쉬러 왔다가, 퇴사하고 치유하러 왔다가, 배우자의 이직에 따라서 이주하게 되면서, 고향으로 돌아오고 싶어서, 새로운 경험을 위한 도전이 필요하던 시기에 단기 여행을 왔다가, 힘든 상황에서 벗어나 제주에서 새롭게 살아 보기 위해서 등입니다.

자기 일을 찾아가는 방식과 과정도 저마다 달랐습니다. 가진 것과 주어진 것 안에서 불가능한 것을 지워 가며 할 수 있는 것 찾기, 막연히 꿈꿔 왔던 것 시도하기, 맨땅에 헤딩하기, 기존에 하던 일을 확장하는 기회로 만들기, 하고 싶은 일의 다른 모양 만들기, 제주에 필요한 일을 본인의 방식으로 시도하기, 맞닥뜨린 상황에 대처하면서 연결되는 일들을 적극적으로 밀어붙이기 등.

제주에 살게 된 이유, 본인의 일을 찾는 방식, 지속하는 과정과 삶의 모습이 다르지만 그들에게는 분명한 공통점이 있었어요. 바로, '나를 알고, 나를 믿고, 해 나가는 것'이었습니다. 준비가 다 된 상태에서 시작하거나, 믿는 구석이 있어서 맘 편히 출발한 사람은 단 한 명도 없었습니다.

이 인터뷰집을 읽고 독자 여러분이 느낀 것이 불안이나 두려움이 아닌 설렘과 가능성이기를 바랍니다. 안 될 거라는 좌절감보다는 할 수 있다는 응원의 힘을 얻었기를 바랍니다. 또한 당장 구체적인 계획이나 준비가 없다고 해도 현재의 자신을 채찍질하지 않고 소중한 오늘을 열심히 살아가는 것만으로도 충분하다는 긍정적인 힘도 놓치지 않았기를 바랍니다.

이 인터뷰집은 전적으로 인터뷰 제안에 흔쾌히 응해 주신 분들 덕분에 세상에 나올 수 있었습니다. 제가 쏟아낸 질문에 즐겁게 답해 주시고, 아낌없이 자신의 이야기를 들려주신 덕에 인터뷰어로서, 저자로서의 제 여정이 시작될 수 있었습니다. 감사의 마음을 다시 한번 전합니다.

마지막으로, 이 책이 독자분들에게 자신의 여정을 상상하거나 준비하고 한 걸음 내딛는 데 작은 힘이 되기를 바랍니다.

고맙습니다. 그리고 응원합니다.